가장 중대한 실수는 조급함 때문에 일어난다.

마이크 머독

일은 쉬면서, 인생은 여유 있게 보내라.

그라시안

TO. 느긋하게 인생을 즐기며 살고 싶어 하는

______________ 에게

이 책을 드립니다.

FROM. ______________

나무늘보는 우리에게 경이롭고 마법 같은 행복을 알려줍니다.
다른 동물들도 나무늘보를 제일 좋아한다는 거, 아세요?

앤 버튼

느긋하게 인생을 즐기며 사는 법

나무늘보
널 만난 건 행운이야

느긋하게 인생을 즐기며 사는 법

나무늘보
널 만난 건 행운이야

펴낸날 2019년 6월 25일 1판 1쇄

지은이 앨리슨 데이비스
그린이 카롤리나 버지오
옮긴이 윤동준
펴낸이 강유균
편집위원 이라야, 남은영
기획·홍보 김아름
교정·교열 이교숙
경영지원 이안순
디자인 현애정
마케팅 신용천

펴낸곳 리드리드출판(주)
출판등록 1978년 5월 15일(제 13-19호)
주소 경기도 고양시 일산서구 고양대로632번길 60, 207호(일산동, 대우이안)
전화 (02)719-1424
팩스 (02)719-1404
이메일 gangibook@naver.com
홈페이지 www.readlead.kr
포스트 https://post.naver.com/gangibook
블로그 https://blog.naver.com/gangibook

ISBN 978-89-7277-328-3 (03320)

* 잘못된 책은 바꾸어 드립니다.
* 책값은 뒤표지에 있습니다.

이 도서의 국립중앙도서관 출판예정도서목록(CIP)은 서지정보유통지원시스템 홈페이지(http://seoji.nl.go.kr)와 국가자료공동목록시스템(http://www.nl.go.kr/kolisnet)에서 이용하실 수 있습니다.(CIP제어번호: CIP2019020883)

느긋하게 인생을 즐기며 사는 법

나무늘보
널 만난 건 행운이야

앨리슨 데이비스 지음 · 카롤리나 버지오 그림
윤동준 옮김

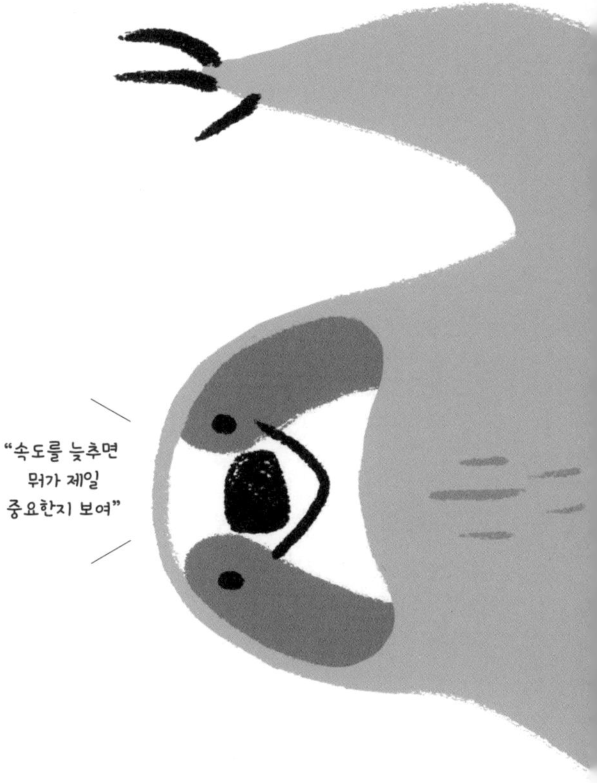

리드리드출판

prologue

나무늘보처럼 더 느림보가 되어라

나무늘보에 관심을 가진 것은 사촌 피비 때문입니다. 내가 이 즐거운 생명체를 아예 몰랐다는 것이 아니라 그다지 관심이 없었던 거죠. 그런데 가까이에서 본 그들은 너무 귀여웠어요. 조금 얼빠진 듯한 표정의 미소가 정말 매력적이었지요. 하지만 문제는 거의 움직이지 않는다는 것이었어요. 뭐가 잘못된 것일까요?

아니에요. 나무늘보가 말했어요. 보이는 게 전부는 아니라고. 달콤한 첫인상 뒤에 일어나는 많은 일을 보라고 했어요. 대자연은 현명하지만 다른 한편으론 변덕쟁이라고 했지요. 잠시도 가만히 있지 않고 우뚝 서 있는 나무조차도 바람을 핑계 삼아 시시때때로 잎을 흔든다는 거예요. 그래서 이 사랑스럽고 안아주고 싶은 나무늘보가 정지된 화면처럼 보였던 것이지요.

게으른 얼굴에 온화한 미소를 띠고, 나뭇가지에 매달려 바람을 즐기는 동안 자기 몸에서는 생명의 기적이 일어난다고 말했어요. 마치 단련된 팔을 가진 수영선수처럼 그의 재능은 끝이 없다는 거예요. 그의 말을 듣는 동안에도 나무늘보의 넓은 아량과 넉넉한 품성이 감동으로 다가왔어요.

나무늘보는 작은 생명체의 구원자였어요. 자기의 털까지도 집과 음식으로 아낌없이 제공해서 그들이 번성할 수 있도록 도와주었어요. 함께할 때 더 많은 것을 얻을 수 있다는 깨달음을 그들에게 준 것이지요.

우리는 어렵고 힘들 때면 가까운 주변 사람들에게 도움의 손길을 내밀 때가 있어요. 하지만 대부분이 적극적으로 도와주기보다 모질게 쳐내거나, 회피하며 여러 핑계를 둘러대곤 하지요. 그래서 서로가 상처를 주고받으며 돌아서는 경우도 많아요. 그런데 나무늘보의 세계는 균형과 질서를 유지하며 화목함을 추구하고 있어요.

"내 등을 긁어줘, 그럼 내 털 속에서 살게 해줄게."

나무늘보는 모든 순간을 즐겁고 더없이 행복하게 만드는 마력이 있어요. 나를 감동시켰던 나무늘보가 여러분에게도 전해주고 싶은 이야기가 있대요. 이 털북숭이의 말을 들어보세요. 그동안 감당하기 버거웠던 여러분의 삶의 무게가 가벼워지고 얼굴에는 흡족한 미소가 피어날 거예요. 내가 그랬던 것처럼 말이에요. 그들의 눈동자를 지그시 바라보면 진정한 매력을 알 수 있어요.

지금부터 평화롭게 살아가는 나무늘보의 세계를 느긋하게 들어보세요.

당신도 나무늘보처럼 살아보고 싶을 거예요!

지은이 앨리슨 데이비스

조급함은 떨쳐버리고,

차분하게,

걱정은 뒤로하고,

느긋하게,

잘 될 거라는 믿음으로!

차례

#01

천천히 해, 괜찮아

스스로에게 느긋한 시간을 주자

내 미소에는 행복이 담겨 있어. 사람들은 내가 늘 빈둥거리고, 쉬고, 먹고 또 쉬는 굉장히 따분하고 느려터진 게으름뱅이라 생각해. 하지만 나는 알아갈수록 신비로운 수많은 이야기를 품고 있어. 내 아름다운 짙은 베리색 눈을 들여다보면 높은 나무의 꿈이 푸르른 잎사귀로 돋아나는 것도 볼 수 있지.

내가 느린 건 복잡한 일을 처리할 머리가 없어서가 아니야. 모든 일에는 시간이 걸린다는 걸 알기 때문이지. 너도 한꺼번에 많은 일을 급히 처리하려고 아등바등하지 마. 모든 일에는 필요한 만큼 시간을 들여야 하고 또 그만큼 무르익어야 하거든.

왜 스스로 빨리빨리 재촉하며
에너지를 낭비하는지 모르겠어.
한 발 물러서서 긴장을 풀고
흐름을 즐기는 건 어때?

모두 이상하다고 생각하겠지만 나는 독성이 강한 나뭇잎을 먹고 살아. 그래서 식사가 끝나면 느긋하게 휴식을 취해야만 해. 조심스럽게 천천히 소화시키면서 중독을 피하는 거지. 이건 누구도 생각지 못하는 아주 천재적인 방법이야.

내가 공중에 매달려 멍하니 있을 때는 여러 개의 위장들이 독을 분해하는 중이야. 아주 영리하게 소화를 시키면서 에너지를 만들어내고, 영양분이 몸 안으로 조금씩 스며들게 하는 거지. 나는 그들에게 시간을 주는 거야. '빨리', '대충'이라고 재촉하지 않고 느긋하게 그들이 자기 역할을 다하도록 기다려주는 거라고. 그들 덕분에 내 몸이 달라지는 걸 아니까.

모든 일이 이루어지기까지는 시간이 필요한 법이잖아.

그런데 넌 너무 빨라. 그리고 너무 성급해. 심장이 쿵쾅거리고 산소 부족으로 호흡이 가빠야만 열심히 사는 거라 생각하고 안심하지. 걱정과 고민, 넘치는 일들로 머릿속이 복잡해야 발전하는 거라고 착

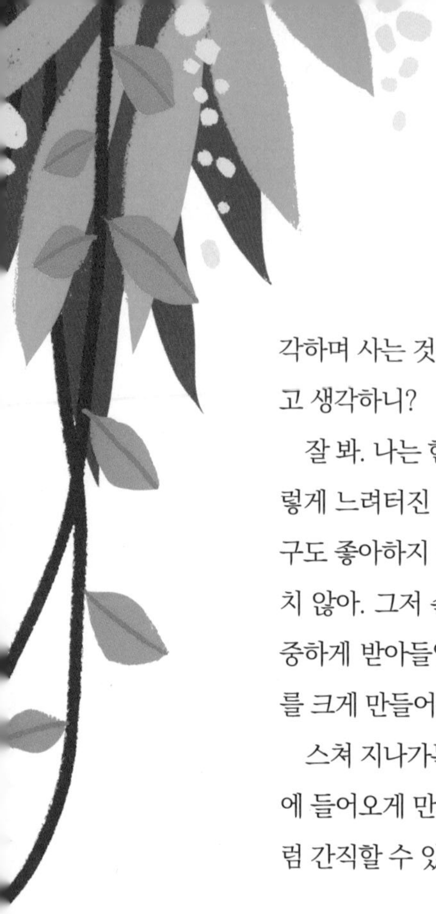

각하며 사는 것 같아. 상쾌한 여유를 누리는 것을 사치라고 생각하니?

잘 봐. 나는 한 시간에 240미터를 움직여. 사람들은 이렇게 느려터진 내가 바쁜 생활에 방해가 되기 때문에 누구도 좋아하지 않을 거라고 겁을 주지. 하지만 나는 개의치 않아. 그저 순간순간들이 가져다주는 삶의 의미를 소중하게 받아들일 뿐이야. 그것들은 내가 살아있는 의미를 크게 만들어주거든.

스쳐 지나가는 순간들조차도 넉넉한 즐거움으로 내 안에 들어오게 만드는 거야. 그래서 이 순간을 값진 보물처럼 간직할 수 있고 함께하는 네게 감사할 수도 있어.

저 감미로운 나뭇잎들처럼,
작은 일에 시간을 들여
정성을 다하는 거야.
그래야 숲으로 덮인 지붕 아래에서
가장 달콤한 맛을 즐길 수 있으니까.

가장 강력한 두 가지 무기는
인내와 시간이다.

레오 톨스토이

서로에게 신뢰를 보내자

지금 곁에 누군가 있다면 그에게 집중해봐. 그리고 네 이야기를 들어주는 것에 감사해야 해. 다른 곳으로 시선을 돌리거나 딴생각일랑 하지 마. 그가 하는 말을 성심껏 듣고 깊이 있는 대화를 나누는 거야. 자신의 마음을 진솔하게 보여주는 게 좋겠지. 네가 건네는 위로가 그에게 힘이 되고, 그의 격려에 네가 용기 낼 수 있도록 서로 신뢰를 보내는 거야.

이것은 누구나 다 알고 있는 진리인데 언제부턴가 우리는 잊고 살잖아. 혼자라는 것에 외로워하면서도 누군가를 위해 곁을 내주지 않거든. 누군가가 다가오면 부담스러워하고 귀찮아하잖아. 때론 시간을 뺏긴다는 구실로 얼굴을 마주하고 앉아서도 딴생각을 해. 심지어 다른 사람과 오랫동안 통화하거나 메신저를 주고받는 경우

도 봤어. 그럴 거면 왜 만나는지 이해할 수 없어.

명심해. 누군가를 위해 자리를 내주고 마음을 열어야 상대방이 들어올 수 있어. 그래야만 당연히 너도 그가 마련해둔 자리에 들어갈 수 있는 거야.

진정한 네 지지자를 얻는 유일한 길은
그에게 집중하는 거야.

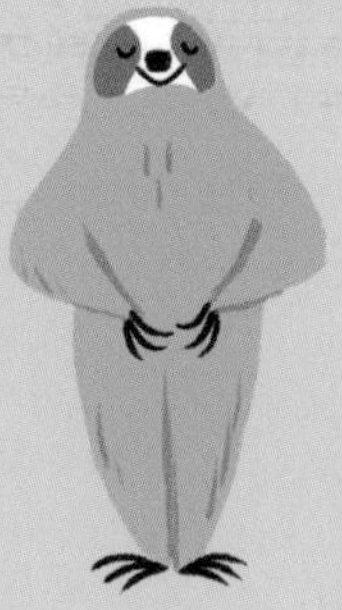

아참, 지난번엔 정말 고마웠어. 나를 안고 야구장에 가 주었잖아. 난생 처음 본 야구가 얼마나 흥미롭던지. 나도 모르게 그 매력에 푹 빠져버렸어. 9회 말 투 아웃까지도 승리를 예측할 수 없었잖아. 나무늘보 야구팀이 있다면 나는 무조건 선수로 지원할 거야. 하루 종일 경기를 해도 끝나지 않겠지만 신나고 재미있을 거야. 잘 칠 자신이 있냐고? 당연하지.

물론 경기가 자신감만으로 이기는 게 아니라는 것쯤은 알고 있어. 어쩌면 삼진 아웃 당할 확률이 더 높겠지. 땅볼로 내 목숨을 투수 앞에 갖다 바칠 수도 있고, 내가 친 공을 받은 수비수가 나의 운명을 좌우할 수도 있어. 그것뿐이야? 병살타를 날릴 수도 있다고!

그렇지만 생각해봐. 프로야구팀에서 가장 잘하는 선수의 타율이 얼마야? 아마 3할 대에서 머무를 거야. 그것은 타석에 들어서서 공을 칠 수 있는 확률이 30% 정도밖에 안 된다는 거야. 열 번 중 세 번! 홈런을 칠 확률은 그보다 훨씬 줄어들겠지. 투수도 마찬가지잖아. 승점을 딸 확률은 그리 높지 않아. 그럼에도 불구하고 그들은 매번 경기에 임해. 그것도 최선을 다해서.

그런데 우리가 못 할 게 뭐야. 실패할까 봐? 실수할까 무서워 자신에게 찾아온 기회를 놓치겠다는 거야? 일단 타석에 들어서야 기회를 얻을 수 있잖아.

실패를 두려워하지 말자.
그것보다는 자신에게 기회가 왔다는 것에 감사하자.
내가 널 응원할게.

한 권의 책을 읽음으로써,
자신의 삶에서 새 시대를 본 사람이 너무나 많다.

헨리 데이비드 스로우

시간이 아주 느리게 간다고 상상해봐. 그리고 똑딱똑딱 흐르는 초침 소리를 느끼며 인생을 즐기는 거야. 불안해하지 않아도 돼. 스트레스도 받지 말고 압박감도 '후' 하고 날려 버려. 숨을 크게 쉬면 훨씬 나아질 거야. 생각보다 일을 훨씬 더 성공적으로 마무리할 수도 있지.

빠르게 거침없이 가는 너의 시간표를 천천히 느리게 가는 내 시간표에 맞춰 봐. 뒤처질까 봐 겁먹지 말고 안심해. 해보지 않아서 두려운 거야. 막상 해보면 어렵지 않아. 마음과 손이 떨린다면 한 번 더 크게 심호흡을 해봐. 그러면 심적으로 여유가 스며들 거야. 자, 대단한 거 아니니까 긴장을 풀어.

그냥 일이 자연스럽게 흘러가게 두고
휘파람을 불어봐.
두 눈을 감고서.

나무늘보처럼 되어보기

step 1

아침에 일어나면 바닥을 굳게 디딘다. 그리고 균형을 잡게 해주는 땅의 단단함을 느낀다. 그게 오늘 하루를 받쳐주는 완벽한 발판이다.

step 2

숨을 깊게 들이쉬고 이루고 싶은 모든 것을 두루 생각한다. 절대 서두를 필요 없다. 천천히 시간을 들인다. 우선 씻고 입는 간단한 일부터 주의를 기울여본다. 그리고 원대한 목표를 성취한 자신의 모습을 그려본다.

step 3

자기가 주인공으로 나오는 영화를 본다고 상상한다. 그 작품에 나오는 영웅도 물론 자신이다. 모든 일 하나하나를 편안하게 처리하고 얼굴 가득 미소를 짓는 자기 모습을 본다. 그만큼 당신은 대단하다. 생각보다 훨씬.

step 4

"나는 오늘의 모든 순간을 만끽할 거야. 천천히 목표를 달성하고 흡족하게 살 거야."라고 말한다. 기지개를 펴면서 말하면 더 좋다. 저절로 느려지니까.

step 5

하루 중 어느 시점에서든, 스트레스를 받거나 압박감을 느낀다면 깊게 숨을 들이쉬고 혼자 '씨익' 웃어본다. 잘 안 될 때는 늘 웃는 내 모습을 상상해도 좋다.

BE MORE SLOTH

더 느긋하게

넌 음식을 순식간에 게걸스럽게 먹어치우고 소화불량으로 고통스러워하더구나. 왜 그렇게 먹는지 이해할 수 없어. 한 입 한 입 천천히 씹으며 재료의 맛과 식감을 음미해봐. 재료가 가진 향을 맡으면 햇빛과 바람의 속삭임이 들릴 거야. 먹는 기쁨을 누리면서 건강해질 수 있는 비결이지. 배가 고플 때까지 기다리다 먹으면 이렇게 하는 것이 쉽지 않아. 그러니 일하는 사이사이 달콤함이나 고소함으로 입을 기쁘게 해준다면 무척 만족스러울 거야. 그리고 친구나 동료와 함께 나눌 수 있는 행운은 덤이겠지?

서두르지 않아도 돼

나를 재촉할 수는 없어. 아무리 무지막지한 방법을 사용해 채근하더라도, 행복한 내 얼굴만 볼 수 있을 뿐이지. 나의 행복이 너에게 젖어들면 급한 마음이 눈 녹듯 사라지는 경험을 맛볼 거야. 그러니 성급하게 판단하거나 서두르지 마.

주어진 일을 즉시 처리하고 싶은 충동을 가라앉히고 나를 떠올려봐. 몸과 마음이 그것에 충분히 적응할 수 있는 시간을 주는 거야. 그렇게 해도 절대 늦지 않아.

만나는 사람에게 충분한 시간을 주면 좋겠어. 미소 짓게 하는 이야기를 나누고, 지루한 일도 도와주며 시간을 보내보는 거야. 안절부절 못하고 당황하고 있는 그를 위로하며 문제해결을 위한 생각을 전하는 거지.

왜 상황을 이렇게 만들었냐고 캐묻지 말고, 당장 해결책을 내놓으라고 독촉해서도 안 돼.

최대한 그를 존중하며
거리를 유지해주는 거야.

그가 지닌 스스로의 힘을
발휘할 수 있도록!

나무와 함께하기

나는 남들보다 강한 발톱을 가지고 있어. 그 덕분에 나무에 매달려 해가 지고 달이 뜨는 자연을 감상할 수 있지.

너도 자연이 주는 힘을 느껴봐. 근교로 나가거나 주변의 공원에서 시간을 보내는 거야. 멋진 나무를 찾으면, 그 나무에 기대앉아서 가지는 어떻게 뻗어 나가고, 그 사이로 보이는 하늘은 어떤 모양인지 찬찬히 살펴보는 거야. 그리고 마음속의 고민이나 해결해야 할 과제가 있다면 나무에게 말하는 거야. 큰소리로 말해도 되고 가만히 머릿속에서만 털어놔도 돼. 때론 내 말을 들어주는 상대가 있는 것만으로도 큰 힘을 얻을 수 있으니까.

그거 아니?
부드러운 바람과 신선한 공기는
언제나 네 편이라는 거.

그들은 늘 곁에 있어주는 친구란다.

자연의 속도를 받아들여요.
그 비결은 인내입니다.

랄프 왈도 에머슨

우리 마음속의 귀

내 귀는 털 속에 감춰져 있지만 소리는 다 들을 수 있어. 고무나무 잎사귀가 움트는 소리, 풀잎이 바람에 흔들리는 소리, 애벌레가 꿈틀거리며 기어오르는 소리 등. 그중 나를 가장 기쁘게 하는 소리는 네 발자국 소리야. 경쾌하게 사뿐사뿐 걸어오는 소리를 들으면 나도 모르게 흐뭇해져. 내 마음에 잔잔한 노래가 흐르지.

우리는 마음속에도 귀가 있어. 그 귀는 해부학자들이 실체를 밝히려 메스를 들이대고 내 배를 가른다 해도 찾을 수는 없어. 용궁에 끌려간 토끼가 거짓말한 것처럼 꺼내서 바위에 널어놓은 것도 아니고 은밀한 곳에 감춰둔 것도 아니야. 그런데 왜 보이지 않느냐고 따지고 든다면 내가 해줄 수 있는 말은 과학적 근거에 의존하지 말라는 거야. 세상에는 과학으로 입증할 수 없는 일이 무궁무진하니까.

우리뿐만 아니라 너도 마찬가지야. 자기 심장이 벌렁대는 소리에 마음의 청진기를 갖다 대는 사람이라면 모두 가슴에 귀가 하나씩 더 있는 사람이지. 자기가 무엇을 원하는지, 무엇을 꿈꾸고 있는지 다 들을 수 있으니까. 자신이 원하는 소리를 듣고도 겁난다고, 두렵다고 외면하고 회피하면 결국 나중에 후회하게 될 거야. 자기가 원하는 대로 사는 삶이 아니니까.

지금,
네 마음속에서는 무슨 소리가 들리니?

깊은 숨쉬기로 힘을 내

손바닥을 펴서 배꼽 아래에 대. 호흡에 집중해서 숫자를 세며 숨을 내쉬고 들이마시는 거야. 배에서부터 따뜻한 기운이 퍼져 온몸이 따뜻함으로 채워지는 걸 느낄 수 있을 거야. 이제, 숨을 내쉬면서 너의 사랑스러운 에너지로 온 세계를 가득 채운다고 상상해봐. 좋아하는 사람들이 보이지?

오늘, 네가 특별한 이유야.

돈을 먹어본 적이 있어. 그런데 우적우적 씹어지지도 않고 달콤한 즙도 나오지 않더라고. 아무리 먹어도 배가 부르지도 않고 갈증만 심해졌지. 왜 먹게 되었냐고? 사람들이 그토록 열망하는 것의 맛을 느껴보고 싶었거든. 돈을 위해서라면 앞뒤를 가리지 않고 뛰잖아. 자기 몸을 죽도록 혹사시키고 하기 싫은 일도 감수하지. 친구를 배신하기도 하고 심지어는 절대 해서는 안 될 일까지 잔인하게 벌이잖아. 그래서 사건 사고들이 매일 뉴스를 장식하고 있지.

내가 이 말을 하는 이유는 별거 아냐. 네가 잔디에 누워보고 싶다는 바람을 매번 미루기 때문이지. 하루쯤 햇빛을 고스란히 받으며 바람을 느끼고 싶다고 했었잖아. 그런데 그 말을 한 지 일 년이 넘어가고 있어. 대체 언제쯤 그 일이 가능할까? 엄청난 시간을 내야 하는 것도 아니잖아.

"난 지금 바쁘다고!"

언제나 네가 하는 말이야. 그 바쁜 이유가 돈 때문이란 사실은 나를 실망시켰어. 그 맛도 없는 것 때문에 바쁘고, 웃지도 못한다니 이해가 안 돼.

부탁이야. 돈보다 더 귀한 게 있다는 것을 기억해.

그건 바로 '너!'란다.

천천히 살아보기

Life Change

step 1

우선순위 파악하기_다음 날 할 일을 미리 생각한다. 그리고 순서를 정한다.

step 2

화면은 조금만, 책을 더 많이 가까이 하기_지금 바로 하는 게 좋다.

step 3

잡다한 것들을 버리고 단순한 공간으로 만들기_눈에 보이면 신경 쓰인다.

step 4

스마트폰 멀리 하기_멍 때릴 수 있는 자유를 자신에게 준다. 어느 것이든지 구속되는 것은 좋지 않다.

step 5

미래는 조금만 덜, 지금은 아주 많이_미래는 현재로 맞을 때에만 존재한다. 그 외의 미래는 없다.

step 6

너무 과한 다짐은 하지 않기_자신을 미워하게 되는 일은 하지 않는 게 좋다.

step 6

너무 과한 다짐은 하지 않기_자신을 미워하게 되는 일은 하지 않는 게 좋다.

#02

거꾸로 보면
보이는 것들

나는 털북숭이 슈퍼히어로야. 존경받아야 마땅해!
그러면 너는 말도 안 된다고 이렇게 따지고 들겠지?

"넌, 잔뜩 게으르고 용맹하지도 않으며
바보처럼 웃기만 할 뿐이야!"

"혈기왕성하지도 않고 대담무쌍하지도 않아.
슈퍼히어로는 아무나 해?"

혹시 마핀과리를 아니? 아마존 숲속에 나타나는 키가 2미터를 넘는 무서운 괴물이야. 거대한 몸집 때문에 쿵쿵거리며 다니지. 곰을 닮은 이 괴물은 지독한 냄새를 풍겨서 주변에 항상 날벌레가 꼬인대. 누군가는 눈이 하나뿐이라고 하고 또 다른 이는 두 개라고도 해. 톱니 같은 이빨은 배에 달려 있대. 인간을 보는 대로 순식간에 집어삼킨다는 거야. 이 괴물에 대한 무시무시한 이야기들이 넘쳐나지만, 아직 실제로 존재한다는 증거는 발견되지 않았어.

그게 나 같은 나무늘보랑 무슨 상관이냐고?

8000년 전에 멸종된 자이언트그라운드가 우리의 조상이야. 코끼리보다 거대한 괴물이었지. 천하무적의 거대한 캐릭터여서 고대인들이 두려워했대. 그들의 공포를 전하기 위해 많은 이야기를 만들어냈어. 다시 말해 우리의 조상에서 악당 마핀과리가 탄생한 거야. 그리고 초자연적인 힘을 가진 괴물 이야기가 지금까지 전해오는 거지.

어때? 지구상의 모든 괴물이 내게 무릎 꿇었을 것 같지? 지금의 내 몸을 봐서는 상상이 안 된다고? 그건 현재의 상황만 직시하

니까 그래. 잠깐이라도 길고 강력한 내 발톱을 생각해봐. 길이가 무려 8~10cm야. 그리고 거꾸로 매달려 쉬는 것도 동물의 왕국에서 흔하고 쉬운 일은 아니거든. 거꾸로 보면 간단해. 게으른 나무늘보가 슈퍼히어로가 될 수 있는 거라고.

너도 세상을 거꾸로 대하면 색다른 시각을 갖게 될 거야! 남들이 보는 세상과 다른 특별한 세상을 보는 거지.

그 때문에 슈퍼히어로가 되는 거야.
아주 멋진 일이지? 네가 남다르다는 거!

나처럼 매력적으로 사는 비결을 알고 싶지?

그건 새로운 시각으로 사물을 보는 능력에 달려 있어. 거꾸로 매달려 세상을 바라보는 나처럼, 마음속에 숨어 있는 슈퍼히어로를 불러내면 넘쳐나는 가능성과 선택의 기회들이 보이기 시작할 거야.

오, 이런! 그렇다고 체조선수처럼 꼭 물구나무를 설 필요는 없어.

누구나 세상 밖으로 나가,
다른 사람의 시각으로 바라볼 필요가 있다.

테리 프래쳇

네 안에 다 있어

지금 내게 빠른 치타를 부러워하냐고 묻는 거야? 내 대답은 명쾌하게 "NO!"야. 내가 빨라야 되는 이유를 설명해준다면 한번 생각해보겠지만, 그 어떤 근거를 들이대더라도 나는 절대 빠르고 싶지 않아. 그건 치타가 사는 방식이지, 내가 추구하는 삶의 모습이 아니거든.

그럼 인생을 포기한 거냐고 반문하겠지? 천만에! 오히려 나는 당당하게 즐기고 있어!

움츠리지 말고 어깨를 쭉 펴봐. 누구도 널 대신해서 1초도 살아줄 수 없다는 거 알지? 누군가 못난 점을 지적하고 짚어주기를 일삼는다면 빠르게 인정하는 거야.

그리고 "제가 그렇죠 뭐. 인정해요. 하지만 바로 그 점 때문에 잘할 수 있는 것도 무척 많답니다."라고 대답하는 거야. 당연히 그 대답에 맞는 준비도 해야겠지. 잘하는 것을 찾아두는 거야.

나는 "하늘의 구름이 어디로 흘러가는지
볼 수 있어요."라고 대답하려고.

누구든지 자신의 단점을 고치기보다 장점을 끌어올리는 게 더 쉬워. 굳이 못 하는 것에 매달려 좌절할 필요 없잖아. 그러니까 주눅 들지 말고 자신에게 당당해지자고. 단 한 가지라도 장점을 찾는 거야. 어때? 자신 있지?

길은 하나만 있는 게 아니다

step 1

해결해야 할 일이나 문제가 있다면, 스토리보드로 만들어본다. 그리고 지금까지 일어난 일들에 대한 간단한 설명과 함께 순서에 맞춰 그림을 그려본다.

step 2

문제의 핵심에 도달해서 더는 진전이 없다면, 잠시 멈춰서 심호흡을 하고 좀 쉬어도 좋다.

step 3

준비가 되면 스토리보드를 쭉 다시 읽는다. 자신에게 지금 일어나고 있는 일이 아니라 마치 소설책 속 이야기처럼 바라본다. 냉정하게 객관적으로 타인의 시선으로 자신을 보는 거다.

step 4

만약 소설이라면 어떻게 끝날까? 상황을 해결한 뒤에는 무슨 일이 일어날까? 몇 개의 그림을 더 그려서 이야기를 완성해본다.

step 5

이제 완성된 이야기를 살펴본다. 다른 결말도 생각할 수 있어? 그렇다면 새로운 결말을 설명하는 그림을 더 그린다.

step 6

떠오르는 모든 다른 결말을 계속 완성한다. 고달프다는 생각을 떨치고 창의적으로 즐긴다. 너의 실력이 늘어나는 것일 뿐 손해 보는 건 없으니까.

step 7

자, 끝났다면 여러 가지 결말로 이어지는 이야기들을 살펴본다. 다른 사람에게 들려주듯이 이야기를 읽다 보면 객관적으로 문제를 바라볼 수 있고, 다른 시각을 가질 수 있고, 문제를 현명하게 해결할 수 있다.

BE
MORE
SLOTH

좀 더 계획적으로

너에게는 수많은 재능과 장점이 있어. 하지만 너무 바빠서 혹은 하는 일과 상관없다고 잊고 살지. 지금부터 장점들을 적어봐.

친절, 유머, 여유, 포근함…. 그리고 또 뭐가 있는지 찾아보는 거야. 천성적으로 잘하는 것들을 생각해봐. 요리를 잘한다거나, 남의 이야기를 잘 들어준다거나 등등. 잘 생각나지 않는다면 친구나 가족에게 물어보는 것도 좋아. 주변 사람들이 너를 얼마나 긍정적으로 보고 있는지 안다면 아마 깜짝 놀랄 거야. 재능과 장점 목록을 작성했다면 최소한 일주일에 한 번씩은 소리 내어 읽어봐. 쑥스러워할 필요는 없어.

네 안의 슈퍼히어로를 깨우는 거니까.
대신 해줄 사람이 없다는 거 잘 알지?

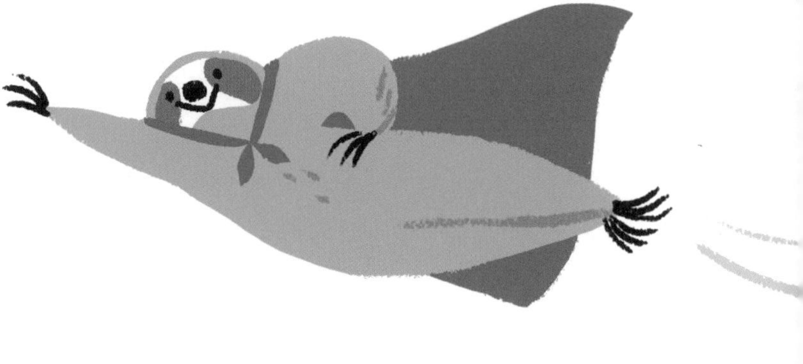

모두가 이야기를 하는 자신만의 방법이 있다.
그리고 각자 다른 이야기를 가지고 있다.

키스 리처드

천장을 마룻바닥으로 만들기

누구에게도 방해받지 않는 곳을 찾아서 누워 봐. 올려다 보이는 천장을 마룻바닥이라 생각하면서. 그리고 자신이 공중에 떠서 바라본다고 상상하는 거야. 물론 익숙해지는 데 시간이 좀 걸릴 거야.

일단 적응이 되면 자신이 있는 장소를 완전히 다른 시각으로 바라볼 수 있어. 관점을 변화시키고 싶을 때, 다양한 시점에서 바라볼 문제가 있을 때 내가 사용하는 방법이야. 이렇게 하다보면 이해하지 못할 상황도 없어지고 아량이 넓어지거든.

너에게만 알려주는 것이니까, 어떤 문제가 생기면 고민하지 말고 누워봐. 방해하지 않을게.

뭐가 보이지? 원래 그림에서 사라진 것은 무엇이고 더해진 건 무엇인지 알겠어? 곰곰 생각해보면 뭔가 떠오르거나 감정의 소용돌이가 느껴질 거야. 이런 것처럼 알고 있던 무언가를 다른 각도로 바라보고, 다른 방법으로 사랑해봐. 그러면 세상을 훨씬 풍부하고 생생하게 만날 수 있어.

기분전환이 필요한 오늘,
당장 시작해보는 건 어때?

가장 진실한 지혜는 단호한 결심이다.

나폴레옹 보나파르트

기술을 익히면 예술이 되는 거야

어제 너의 고민을 듣고 밤새 생각했어. 잘하는 게 없다며 한숨을 푹푹 내쉬었잖아. 비록 이해하긴 힘들었지만, 내가 느리게 움직이는 것까지도 부러워했어. 그거라도 잘하니까 얼마나 좋으냐고. 나무에 거꾸로 매달릴 수 있는 특기가 있으니까 걱정 없이 살 수 있겠다며, "나무늘보로 태어났으면."이라고 했잖아.

먼저 내 능력을 인정해줘서 정말 고맙다는 말부터 전할게. 다른 누군가가 나를 인정해주는 것이 얼마나 큰 기쁨과 흐뭇함을 주는지 알게 됐거든. 이제껏 별거 아니라고 생각했던 내 기술들을 더 잘하고 싶고, 또 뽐내고 싶어지더구나.

밤새 생각해서 내린 결론은 너도 기술을 하나쯤 익혀 보는 건 어떨까? 즐겁고 신나게 할 수 있는 것으로. 춤, 노래, 악기, 게임, 그림, 스포츠 등 많은 것들이 있잖아. 소질이 있는 분야라면 쉽고 빠르게 터득할 수 있을 거야. 오랜 시간이 걸리고 힘들 수도 있겠지만, 분명한 사실은 그 기술들이 너의 일상에 즐거움을 더해 줄 거야.

"기술이 예술을 만든다."라는 말이 있어. 제대로 된 기술 하나를 익히면 어느 순간 예술로 승화시킬 수 있다는 거지. 사람들이 거꾸로 매달린 나를 사진 찍으려고 드는 것은, 내가 그 장면을 예술적으로 표현하기 때문이 아닐까?

너도 부러워만 하지 말고 당장 신발을 신고 나서봐.
네가 하는 모든 것은 예술이야!
난 그런 것을 절대 못 하니까.

논리는 이 지점에서 저 지점으로만 갈 수 있게 해줍니다.
하지만 상상은 어느 곳이든지 데려다줍니다.

알베르트 아인슈타인

사람들에겐 어두운 면이 있어. 가끔씩 불같이 화로 치닫는 맹렬한 감정을 말하는 거야. 물론 부정적인 감정을 두려워할 필요는 없어. 대신 왜 그렇게 느끼는지 알면 긍정적으로 풀어가는 데 도움이 될 거야.

화가 나거나 좌절감이 느껴지면 스스로에게 이유를 물어봐. 그리고 무엇을 하면 기분이 풀어질지도 생각해봐. 예를 들어 육체 활동으로 성난 감정 등을 날려 보라는 거야.

나처럼 나무타기를 해보면 어떨까?

사람들은 스트레스를 무척 다양한 방법으로 받아들이더구나. 그중 위장은 부정적인 에너지에 더욱 민감하게 반응하는 것 같았어. 그래서 과민성대장증후군 같은 증상이 생기는 거야. 헛배가 부르고 메스꺼워지기도 하잖아.

그럴 땐 어떻게 해야 할까?

긴장감이 느껴지면 특히 복부에 신경을 써야 해. 두 손바닥을 마주 대고 1분 정도 비빈 뒤 손으로 배를 살살 쓰다듬어 봐. 손바닥에서 따뜻함이 부드럽게 전해질 거야. 긴장감이 풀릴 때까지 이 따뜻함이 온몸으로 충분히 퍼져가도록 놔두면 좋아.

그 시간을 아까워하지 마.
모두 널 위한 거니까!

다른 누구도 가지지 못한,
당신만이 소유한 한 가지는 바로 당신이다.
당신의 목소리, 마음, 이야기, 이상이다.
그러니 당신만이 가능한 삶을 살고, 춤을 추고, 놀고, 만들고,
그림을 그리고, 글을 써라.

닐 게이먼

습관에 따라 살지 말고

굿모닝!

오늘은 우리의 일상에서 벗어나보자. 매일 가는 길이 아닌 다른 길로 가보고, 매일 듣는 음악도 장르를 바꿔보고, 매일 비슷한 식사를 했다면 색다른 음식을 먹어보는 거야. 그것도 싫으면 굶어보는 것도 좋아. 한 끼 아니 하루쯤 굶어도 죽지는 않을 테니까.

내 말의 핵심은 구태의연하게 사는 우리 생활의 사이클을 바꿔보자는 거야.

발전은 도약이 있어야 할 수 있고, 도약은 준비가 있어야 하고, 준비는 의지가 있어야 할 수 있는 거잖아. 일상을 똑같이 그대로 답습하면 발전이란 걸 꿈꿀 수 없어. 나른함과 지루함만 보너스로 줄 뿐이지. 설마, 그것도 보너스라고 쾌재를 부르는 건 아니지?

난 너에게 뿌듯함을 보너스를 주고 싶어! 그러니까 오늘만이라도 평소 습관에서 벗어나봐. 네 생각대로, 네 의지대로 살아보라는 거야. 오늘을 계기로 도약하고 발전하는 모습에 스스로 감격할지 몰라.

그 영광의 주인공은
오롯이 너야!

네가 신중하게 자신을 지켜가는 사람이란 게 정말 고마워. 매일 하늘을 보겠다고 스스로 한 약속을 지켜주고 있잖아. 너무 쉬운 일이라고 겸손해할지 모르지만, 자신에게 한 약속을 지키기란 절대 쉬운 일이 아니야. 자신에게 엄격하다는 것은 대단한 책임감을 필요로 하지.

나는 모든 것에 너그럽지만 나 스스로에게는 무척 엄격해. 특히 내가 지켜야 할 약속에는 다시 한 번 점검하고 생각해. 정말 지킬 수 있는지, 최선을 다해 노력할 준비가 되어있는지 따져보는 거야. 함부로 다짐했다가 중간에 포기하고 번복하는 것은 나 스스로도 용서하기가 힘들거든.

너 역시 마찬가지야. 너를 가장 정확하게 알고 있는 건 바로 너야. 너다운 너를 지켜가기 위해 스스로 다짐하고 단계적으로 하나씩 성취해 나가봐. "잘하고 있구나. 대단한걸!"이라고 스스로 칭찬하는 것도 잊지 말고.

습관 바꾸기

step 1

무의미한 일에 신경 쓰지 않기

step 2

말은 적게, 귀는 활짝 열기

step 3

새로운 기술 배우기

step 4

운이 좀 부족한 사람들 돕기

step 5

더 많이 웃기

step 6

일찍 일어나기

step 7

자만심 버리기

#03

끝까지
매달려 보는 거야

나는 높은 곳을 무서워하지 않아. 일생의 대부분을 나무에 매달려서 보내니까 당연한 것이지. 거꾸로 뒤집혀 스프링 같은 목뼈에 매달린 머리를 상상해봐. 수수께끼 같은 몸의 신비가 느껴지지? 흔들리면서 느껴지는 치명적인 멀미는 일단 접어두는 거야.

내 친구 세발가락나무늘보는 목의 척추 뼈가 특별해서 270도 회전이 가능해. 당연히 앞발에는 위협적인 발톱이 있고, 나무를 쥐는 힘이 대단해서 온종일 매달려 있을 수 있어. 심지어 죽은 뒤에도 석고상처럼 그 자세 그대로 남아있기도 하지.

우리는 세상일에 해탈한 모습으로 핀둥핀둥 게으름을 즐기는 거야. 한 마디로 복잡한 일을 쉽게 하는 거라고 할까? 그 비결이 궁금하지? 우린 견뎌내는 거야. 모두가 힘들어 떨어질 때도 나는 온힘을 모두 쏟아 부어 강력하고 유연한 발톱으로 기회를 만들지.

하루가 가고 또 다른 하루가 오면서 위험도 같이 와. 배고픈 재규어, 부족한 나뭇잎 먹이, 지쳐가는 체력 같은 것 등. 하지만 나는 그런 것에 구애받지 않고 헤쳐 나가고 있어.

남보다 조금 더 오래 매달려 있는 것으로!
그나마 버틸 수 있는 나만의 힘으로!

삶은, 그냥 살아갈 수 있어서 삶이잖아.
어수선하지도 않고,
소란 떨지도 않고,
그저 차분하게,
균형 잡힌 끈질긴 태도로.

난 보호색을 가지고 있어. 장마철에는 녹색, 건조할 때는 갈색으로 몸 색깔을 바꾸지. 나무를 오르고 거꾸로 매달릴 때 쓰는 발가락과 더불어 내 호신도구 중 하나야. 누군가 나를 지켜줄 거라고 생각하지 않으니까 스스로 지킬 수밖에 없잖아.

너도 자신을 보호해야 할 거야. 세상에는 너를 공격할 수 있는 것들이 수도 없이 많으니까. 일단 몸을 보호하기 위한 건강한 체력은 기본이고, 무한한 경쟁에서 살아남기 위해 갖춰야 할 것들도 무궁무진하지. 그러나 완벽하게 무장할 수는 없을 거야. 하지만 꼭 한 가지만은 기억해줘.

그 누구도 방패막이가
돼주지 않는다는 사실.

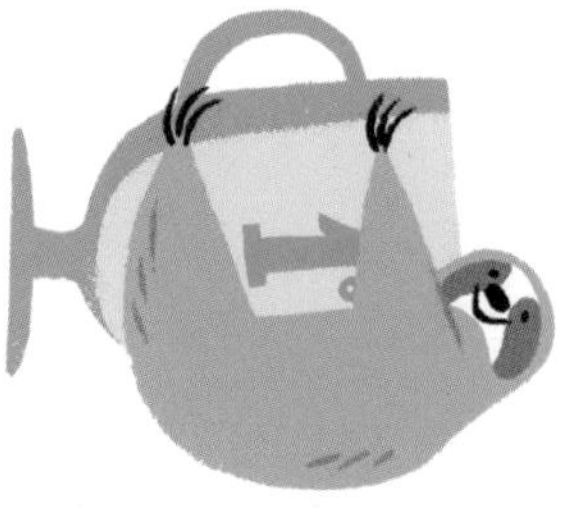

첫 번째로 들어왔다고 경주에서 꼭 승리했다고 볼 수 없어. 질주하며 빠른 인생을 살다 보면 많은 것을 놓칠 수 있으니까. 늘 바쁘고 분주하게 쫓기다 스트레스를 받으면 상실감을 느끼고 목적의식을 잃을지도 몰라. 승리하고 번영하기 위해서라면 꾸준하게 단호한 태도로 접근하는 게 좋아.

삶을 오롯이 찾을 수 있고,
모든 도전에서 짜릿한 쾌감을 맛볼 수 있도록!

인내와 끈기는 총명함보다
두 배의 무게가 있다.

토마스 헉슬리

경주에서 승리하는 법

step 1

일단 발을 넓게 벌리고 선다.

step 2

돌진 자세로 서서 무릎에 몸무게를 싣는다.

step 3

무릎을 굽혔다 세웠다 하면서 허벅지에 실리는 몸무게를 느낀다. 자세로 서서 다리가 자신을 어떻게 버텨주는지 살펴본다. 나무 밑동이 균형을 잡아주는 것처럼 힘을 다리에 싣는다.

step 4

이제 다리를 쭉 펴고 양손을 위로 뻗어본다. 그렇게 위를 가리키면서 천천히 척추 스트레칭을 한다.

step 5

나뭇가지에 매달려 있다고 상상한다. 자신의 몸이 탄력적으로 반응하는 걸 느껴본다. 몸은 뭔가를 견뎌야 할 때 어렵지 않게 필요한 일을 할 수 있다.

step 6

팔을 옆구리에 내린다. 깊게 숨을 들이쉬고 당당하게 큰소리로 "나는 활기찬 힘이다. 나는 삶을 술술 헤쳐 나가고 항상 올바른 목적지에 도착한다!"라고 말한다.

BE MORE SLOTH

더욱 굳은 결심으로

마음속에 구체적인 목표가 있다면, 그것이 어떤 의미인지 한눈에 보여주는 상징물을 떠올려보자. 직장에서의 성공이 목표라면 승진의 황금별을, 운전면허를 따고 싶다면 자동차를 생각하는 거야. 그런 다음 마음속에 나무 하나를 그리고 꼭대기에 그 상징물을 올려놓는 거야. 그리고 나무꼭대기에 도달해서 상징물을 움켜쥐는 상상을 해봐. 어때, 멋지지?

자, 이제 그것이 얼마나 멋진지 알았다면 나무꼭대기에서 빛나는 상징물을 그려서 매일 볼 수 있는 곳에 붙이렴. 흔들리지 않고 꿋꿋하게 견딜 수 있고, 계속 올라갈 수 있는 힘이 부여되도록!

주먹 쥐고 다짐하기

아침저녁으로 거울을 보고 말해봐.

"나의 뚝심으로 집중력은 맑아지고 손아귀는 단단해진다."

뭐해? 양손 주먹을 꽉 쥐면서 이 말을 최소한 열 번쯤 반복하는 거야. 더 자신 있게, 더 큰소리로 외쳐봐. 어색하고 민망하다면 꼭 소리 내서 말할 필요는 없어.

하루 일과 중에도 가끔씩 주먹에 힘을 주고 끈기 있게 다짐하고 또 다짐하는 거야. 널 단단하게 만드는 비결이니까.

성공하고 싶다면 과정을 즐겨야 해. 그 안에서 일어나는 작은 성취감을 음미하는 거야. 마치 내가 숲속 경치를 즐기면서 바삭한 나뭇잎을 천천히 씹고 그 맛을 음미하듯이.

잠시 멈춰 서서, 지금까지 이뤄 놓은 일들에 대해 자랑할 시간을 가져봐. 이건 무척 중요해. 너를 과시하라는 게 아니라 성과를 점검하라는 거야. 찬사를 즐기며 다음 목표를 향해 가는 거지.

답답하면 높은 곳에 올라가자

유난히 힘든 날이구나. 그렇다면 높은 곳으로 올라가 세상을 바라보는 거야. 심호흡을 하고 눈 아래 넓게 펼쳐진 경치를 둘러보는 거지. 그 거대한 공간이 몸과 마음, 영혼을 어루만져줄 수 있도록 가슴을 활짝 펴고서.

과거를 애절하게 들여다보지 마라.
과거는 다시 오지 않는다. 현재를 현명하게 개선하라,
너의 것이니. 어렴풋한 미래를 나아가 맞으라, 두려움 없이.

헨리 워즈워스 롱펠로우

너의 약점 때문에 속상해하지 마. 모든 걸 잊고 종이 한 가운데에 금을 그어 양쪽으로 나눠보렴. 종이 한쪽에는 너의 부족한 부분이나 약점을 적어보는 거야. 예를 들면 이런 것들.

"나는 느려서 달리기를 잘하지 못해."

"나는 말을 잘하지 못해."

이제 다른 칸에 약점을 긍정적으로 활용할 수 있는 방법을 적어봐.

"달리기는 못하지만 천천히 여유를 가지고 풍경을 감상할 수 있어."

"나는 뭔가를 설명하기 위해 그림을 그릴 수 있는 예술적 재능이 있어."

제발, 부정적인 면도 긍정적으로 생각해보렴. 삶이 즐거워질 수 있도록. 너 아니면 누가 하겠니? 장담하지만 넌 모든 일을 다 잘하진 못해도, 어떤 일이든지 잘 해낼 수는 있어.

생각대로 일이 안 풀리면 높은 곳에 올라가 보라고 했지? 산 정상이라면 더 바랄 것이 없겠지만, 높은 빌딩이나 아파트 옥상도 괜찮아. 뭐가 보이니?

이런, 거기까지 올라가서 굳이 발아래를 내려다볼 필요는 없잖아. 불안해서 그래? 발을 잘못 디딜까 봐? 앞에 장애물이 있을까 봐? 아니면 떨어질까 봐? 이봐 친구야, 그런 걱정과 염려는 구겨서 던져버리고, 턱을 치켜들고 시선을 저 멀리 보내봐. 볼 수 있는 한 가장 멀리까지 보내는 거야.

어때? 넓지? 생각해봐. 그 너머 보이지 않는 세상은 더 넓어. 그러니까 조급해하지 마. 당장 눈앞에 닥친 위기에 무릎 꿇지 말라는 거야. 그냥 그 구덩이를 좀 돌아가는 거야. 설령 빠져서 허우적거린다 해도 빠져나올 방법이 없는 건 아니야. 구덩이를 옆으로 넓게 파면 돼. 손톱이 까지고 시간은 좀 걸리겠지만 또 한 번의 힘든 경험으로 살아가는 요령을 배우는 것 아니겠어? 분명한 것은 가능성을 발휘할 수 있는 무궁무진한 세상에서 살고 있다는 거야.

멀리 내다보면
현재는 조금도 두렵지 않아.

알고 있니? 넌 신이 아니야. 대단한 능력자나 마법사도 아니지. 그러니 허황된 꿈일랑 꾸지 않는 게 좋겠어. 다 잘하고 싶은 마음은 충분히 이해해. 일 년에 한 번쯤은 나도 빨리 달려보고 싶다는 생각을 하니까. 어디 그뿐이겠어. 북극에 가서 바다표범도 잡고 싶고, 하늘로 솟구쳐 날고도 싶어. 또 사냥을 마친 치타가 사슴의 살코기를 뜯는 걸 보면 날고기의 부드러움도 맛보고 싶어. 이것들이 내 능력 밖의 일이라서 더 하고 싶은 거지. 어느 땐 내 자신의 무능력에 화가 나기도 해.

그럴 때면 나는 눈을 감아. 그리고 내가 가진 능력들을 떠올리지. 얇은 털을 날려주는 바람도 느껴보고, 270도까지 돌아가는 목에도 감사하지. 누가 알겠어. 누군가는 나의 그런 점을 부러워할지. 따라하고 싶어 할지도 모르잖아.

자, 이제 너를 들여다봐. 얼마나 많은 능력을 가지고 있는지. 열 손가락으로 꼽고도 남을 만큼 남다름이 있을 거야. 대신 모든 것을 좋은 면에서 보는 게 중요해. 빈둥거리는 것이 아니라 여유를 즐기는 것이고, 잠이 많고 게으른 게 아니라 자기만의 라이프스타일이라고 생각해. 그리고 집중을 못 하는 게 아니라 호기심이 많은 것이라고 생각하는 거야. 왜 안 되겠어. 세상은 자기가 사는 것인데.

넌 장점을 제쳐두고 단점만 보려는 경향이 있어. 그 때문에 자존감이 약해지고 자신감이 떨어지는 거야. 또한 만족감도 사라지고 불평불만이 너를 집어삼키는 거지. 스스로 만족하지 못하기 때문에 1분 1초까지 쪼개 죽어라 일을 하지만 얻어지는 뿌듯함보다는 불안감만 키우지.

이제부터라도 부족함만 탓하면서 뒤처질까 봐 전전긍긍하지 마. 과감하게 포기하는 것도 하나의 방법이 될 수 있거든.

자신에게 친절하기

Life Change

step 1

실수는 배움의 자연스러운 과정이다.

step 2

자신의 약점 받아들인다. 그렇다고 못난 게 아니니까.

step 3

옳은 길이란 없다. 자기의 길이 있을 뿐이다.

step 4

자기를 믿는 믿음을 감추지 않는다.

step 5

타인과 비교하는 것은 절대 안 된다.

step 6

자기를 배려하는 사람들과 어울린다. 힘을 주니까.

step 7

자기의 재능을 무시하지 않는다. 그것에 감사해야 진정한 위력이 발휘된다.

#04

친절은
최고의 무기다

친절은 내가 살아가는 바탕이야. 다른 이들과 함께 살아가는 이로움을 알거든. 도움의 손길이 주는 소중함도 잘 알지.

나를 봐. 내 털 속에 사는 한 무리의 나방들에게 삶의 근거지와 먹을거리를 제공하고 있어. 또 털 사이에서 자라는 말무리에게도 숙주가 되어주고 있지. 그런데도 불구하고 말무리는 내게 가려움증을 선사해. 느린 속도로 모든 걸 받아들이는 나에게 이런 가려움쯤은 아주 적은 비용이야. 그리고 몸치장할 때 수백 마리의 나방이 튀쳐나오기도 하는데 내게는 아무런 문제가 되지 않아. 그래서 거대한 발톱을 아주 조심스럽게 사용하지. 나방들이 내 갈고리발톱을 피하며 목숨을 유지할 수 있도록.

이런 자상한 친절은 아주 큰 보답으로 나에게 돌아와. 말무리가 녹색으로 만들어주는 변장술은 생존하는 데 중요한 역할을 해주잖아. 나를 잡아먹으려는 맹수들로부터 보호해주거든. 내가 나무꼭대기에서 안심하고 살아갈 수 있게 중요한 역할을 해주는 거지.

내 친구 세발가락나무늘보 이야기를 해줄게. 그 녀석은 한 달에 한 번은 목숨을 걸고 나무에서 내려와. 왜냐고? 이해하기 힘들겠지만 배설을 하기 위해서야. 바보 같아 보이지? 이유를 모르면 그렇게 생각할 수도 있어. 하지만 조금만 자세히 살펴봐. 내 털 속에서 살아가는 나방들이 번식하기 위해선 그 친구가 배설한 똥이 아주 큰 선물이 되거든. 나방들은 그 배설물에 알을 낳고, 알에서 깨어난 유충들은 그 똥을 먹고 자라지. 그리고 이 유충들이 다 자라 성충이 되면 다시 나무 위로 날아올라 내 털 속에 안락한 둥지를 틀고 다시 나와 함께 일생을 살아가는 거야.

또한 똥이 분해되면서 발생하는 질소는 말무리의 먹이가 되고, 그 말무리는 나의 훌륭한 비상식량이 되는 거지. 이렇게 작은 생태계가 돌아가는 거야. 내가 양보한 것처럼 보이지만 승리는 언제나 나의 것이야. 물론, 이 펄럭거리는 세입자들이 어떻게 느끼는지는 알 수 없어. 누군가는 시끄럽고, 혼란스럽고, 부당하다고 생각하겠지. 하지만 각 생명체들은 서로 도움을 주고받는다고 생각해. 그러니까 다양성과 친절, 그리고 협력의 가치를 인정하는 거야.

생존만을 위해서가 아니라
우아하고 품격 있게 번성하기 위해서!
이런 내 삶을 닮고 싶지 않니?

무조건 친절할 필요는 없어

아무리 친절이 상대방을 위한 최상의 길이라고 해도, 모두에게 무조건 친절할 필요는 없어. 우리가 만나는 사람들 가운데는 어리석고 예의바르지 못한 사람도 있으니까. 그들을 미워하거나 싫어할 수도 있어. 화를 낼 수도 있고, 잘못한 일을 따져 물을 수도 있고, 공격할 수도 있지. 하지만 절대 그들의 인격까지 무시해서는 안 돼. 그건 사과한다고 해서 용서될 수 있는 일이 아니니까.

상대를 무시하는 것은 비교하는 걸 좋아하기 때문이야. 겉으로 보이는 것만으로 평가하고, 자기가 생각하는 기준에 못 미치면 깔보거나 업신여기지. 나는 "넌, 너무 느려."라는 말을 가장 많이 듣고 살아. 도대체 무슨 기준으로 느리다고 말하는지 모르겠어. 내 입장에서는 조금도 느린 게 아니거든.

난 그저 내 방식대로 살아갈 뿐이잖아. 모두 똑같은 삶의 기준과 방식을 가질 수는 없거든.

이 점을 안다면
누구를 만나든지 있는 그대로
인정해주길 부탁할게.

마음을 열어라

의미 있는 사람, 또는 같은 사고방식을 가진 사람에게 애정을 가지기는 쉬워. 하지만 잘 모르는 사람, 생각이 다른 사람에게 관심을 베풀기는 어렵지. 따라서 만나는 상대를 편안하게 돌보는 데 능숙해져야 해. 모두가 이익을 얻는 협력관계를 만들기 위해, 또 에너지를 활성화하기 위해 마음 여는 연습을 해봐. 부담 느끼지 말고, 천천히.

친절이라는 행위는 아무리 작더라고
결코 헛된 것이 아니다.

이솝

열린 마음으로 대하기

step 1

가슴 한가운데에 양손을 올려놓고, 오렌지 빛의 공을 쥐고 있다고 상상해본다.

step 2

빛이 점점 커지고 밝아지는 걸 느낀다. 손바닥에서 열기가 나와 가슴을 채우게 된다.

step 3

열기가 온몸으로 퍼진다.

step 4

밝은 오렌지 빛이 강물처럼 몸을 타고 흐르는 그림을 떠올려본다. 이 사랑스러운 에너지는 타인들과 긍정적인 관계를 만드는 힘의 원천이다.

step 5

이제 미소를 지어본다. 너그럽고 열린 마음을 가지게 된다. 누군가와 부딪힐 때마다 그 효력이 나타난다.

BE MORE SLOTH

더 현명해질 수 있어

하루에 한 가지씩 다른 누군가를 위한 행동을 해봐. 시간을 내어주고, 친절한 한 마디의 말, 약간의 격려, 아니면 가만히 손을 꼭 잡아줘도 좋아. 친절은 나눠주면 나눠줄수록 더 많이 받게 될 거야. 그러니 친절을 일상으로 만들어봐. 망설이지 말고.

살아가면서 모든 사람과 잘 지낼 수는 없어. 신경을 거슬리게 하는 누군가는 꼭 있게 마련이고, 그것들은 무척 화나게 하지. 마치 내 털 속에 있는 존재들처럼. 어느 땐 숨이 막힐 지경이야. 또 혼자 있고 싶은 행복도 방해하지.

나는 이런 기분이 들면 심호흡을 하고 잠시 앉아서 생각을 해. 나를 속상하게 만드는 그것들처럼, 나도 누군가에게 그렇게 한 것은 아닌지. 미워하고 싫어하는 것들이 혹시 내게는 없는지 하나하나 꺼내보는 거야.

나를 바꿀 수 있는지도 생각해. 나하고 딱 반대되는 성격으로 바꾸고도 싶어. 내 자신이 못마땅할 때도 많잖아. 분명히 상대방도 그럴 거야. 지금쯤 얼마나 후회하고 있을까.

이제 슬슬 그 사람의 감정을 알겠지?
그래, 까짓것 한 번 봐주자고.

다른 사람들에게 관심을 가져봐

너는 다른 사람의 말에 귀 기울이지 않고 살아가는 경향이 있더구나. 그러면 오해가 생겨나고 진정한 소통을 할 수가 없어. 앞에 있는 사람이 어떤 모습인지, 무슨 말을 하는지를 잘 살펴봐야 해. 특히 상대방이 나에게 해주는 말은 더 잘 들어야 해.

잘 알지 못하는 사람들일지라도, 적절한 대화를 나누면서 썩 괜찮은 사람들이라는 걸 확인하면 좋아. 귀를 기울이면 상대방을 더 많이 알게 되고 서로에게 감사하는 마음을 가지게 되기 때문이지.

벌써 한 시간 넘게 화를 쏟아내고 있구나. 앞으로 두 시간 아니 하루를 꼬박 세워 화난 이유를 설명한다고 해도 내 결론은 딱 하나야. 참으라는 것! 물론 부당함이나 부조리에는 당당하게 맞서 싸워야겠지.

하지만 날것 자체로 감정을 폭발시키면 상대방은 널 아주 가소롭게 생각할 거야. 얼굴은 붉게 달아올랐지, 널뛰는 가슴과 주체할 수 없는 분노로 떨리는 팔다리, 욱하는 성질 때문에 아무렇게나 뱉어내는 말 등등. 그렇게 두서없이 횡설수설해대면 상대방은 얼마나 우습게 생각하겠어. 그러니 냉정하고 치밀하게 따지지 못할 거라면 참고 또 참는 게 좋아. 스스로 이성적 판단을 철저하게 할 수 있을 때까지 감정을 다스리는 거야.

그래도 정말 화를 내고 싶다면 말로 표현하지 마. 그냥 상대방의 어깨를 콱 잡고 손가락 끝에 힘을 주는 거야. 그리고 입을 꾹 다물고 이글거리는 눈빛으로 상대방의 눈을 노려보는 거지. 아무 말도 하지 말고 그대로 딱 10초만. 그런 뒤 잡았던 어깨를 놓아버리고 그 자리를 떠나는 거야.

아마 상대방은 한동안 움직이지 못할 거야. 어쩌면 긴장해서 오줌을 지릴지도 몰라.

나도 알아. 감정을 컨트롤하는 게 얼마나 어려운지. 그러니까 평소에 작은 일에도 불쑥불쑥 화를 냈다면, 이제부터라도 참는 연습을 해보는 거야.

아주 작은 화부터 다스려보자!

나 자신을 안아줘

나를 봐. 엄청 기다랗고 유연한 팔을 가지고 있어. 그래서 나를 껴안아주기에 딱 좋아. 사랑스럽고 대견한 성격의 나에게 고마움을 표현해주는 거야.

너도 할 수 있어. 팔이 짧다는 핑계일랑 꿀꺽 삼켜버려. 그리고 가장 친한 친구를 대할 때처럼 자신을 보는 거야. 작고 사소한 일이라도 토닥토닥 칭찬해주는 거지.

"잘 해냈구나!"
"생각보다 정말 대단해."

너 스스로 믿고 인정할 수 있을 때까지 큰소리로 말하는 거야. 그럼 나도 다가가서 널 안아줄게. 이 털북숭이 팔에 다정히 감싸인 모습을 상상해봐. 어때, 포근하지?

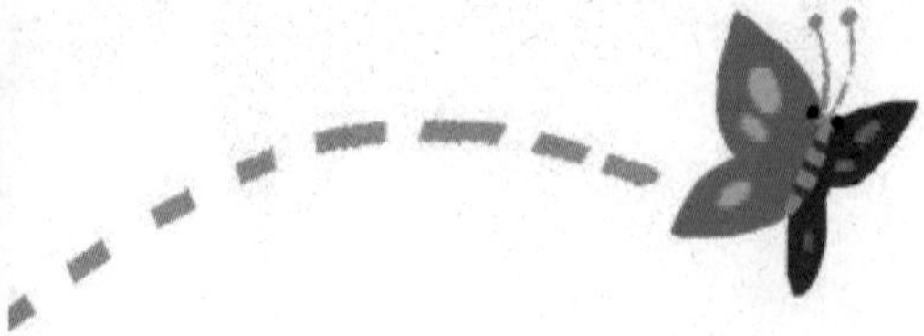

장미석영의 마법

장미석영을 본 적 있어? 은은하지만 찬란한 빛이 감미롭지. 너만큼. 이 아름다운 분홍색 수정은 사랑하는 에너지를 키워주고 마음을 치료하는 힘이 있대. 몸에 지니거나 차고 다니면 어디를 가든지 사랑을 뿌린다는 거야. 이제부터 새로운 로맨스가 시작될지도 몰라.

친절은 귀머거리도 들을 수 있고
장님도 볼 수 있다.

마크 트웨인

행복하니? 이 질문 앞에 깊은 한숨을 내쉬는 건 아니지? 어쩌면 눈물이 핑 돌 수도 있고, 코끝이 찡해질지도 몰라. "행복? 행복이 뭐지?"라고 반문하면서 멍해질 수도 있어. 왜냐하면 지금까지 행복을 잊고 살았으니까.

넌 바쁘게 살아갈 뿐 행복을 누리려고 하질 않더구나! 어느 땐 손에 쥐어준 행복조차 내팽개쳐버렸어. 왜 그렇게 사느냐고 묻자 "미래를 위해서!"라고 대답했지. 나는 그 대답을 듣고 오랜 시간 생각해봤어.

오늘의 행복을 저당 잡히고 미래의 행복을 위해 살다니, 그것이 정말 옳은 판단일까? 미안하게도 내가 내린 결론은 "아니, 옳지 않아!"였어. 자, 들어봐. 바로 오늘은 어제의 미래였어. 10년 전의 미래였고 20년 전의 미래였잖아. 그런데 오늘(그러니까 그때의 미래)이 되었는데 아직도 넌 미래의 행복을 좇고 있잖아. 그렇다면 네가 미래를 위해 저당 잡힌 오늘의 행복은 어디로 간 걸까? 다시 한 번 천천히 생각해봐.

내 말은 오늘의 행복을 즐기라는 거야. 오늘 행복하지 않을 이유가 없잖아. 넌 나보다 빠르고 할 줄 아는 게 더 많아. 다양하게 즐길 줄도 알고 도전하는 용기도 남다르지. 뜨거운 열정과 엉뚱하지만 독특한 생각까지.

네 마음속에는 행복의 조건이 다 들어있어.
그냥 그것을 발견하면 돼.

절대 다른 사람과 비교하지 말고, 온전히 자신에게 집중해서 얼마나 괜찮은지 느껴보는 거야.

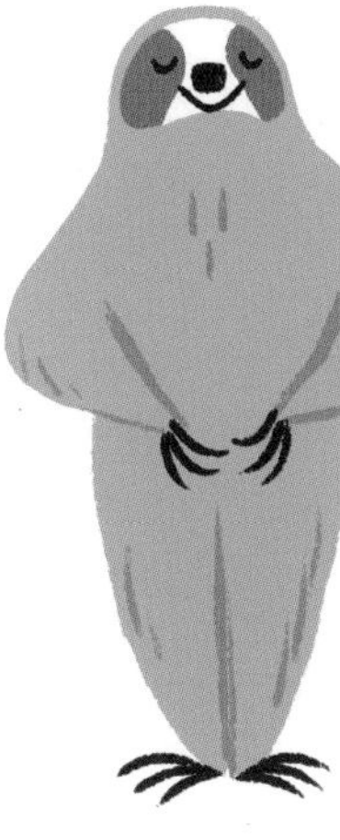

내가 한 시간에 240미터를 갈 수 있다고 한 말 기억하지? 넌 처음에 "240미터?"라며 깜짝 놀라더니, 한 시간이라는 말을 듣고 피식 웃음을 터트렸어. 대부분의 사람들이 100미터를 10초대에 달릴 수 있는 능력을 가졌으니까, 그렇게 웃는 건 당연한지도 몰라. 만약 나보다 더 느린 동물이 "우린 한 시간에 120미터를 갈 수 있어!"라고 말했다면, 아마 내 몸이 근질근질했을 거야. 그 친구에게 한 시간에 240미터나 가는 내 모습을 뽐내려 했겠지.

부탁하건데 내 앞에서는 속도 이야기를 안 했으면 좋겠어.

중요한 것은 속도가 아니라
앞으로 나아가고 있다는 거야.
내가 원하는 곳을 향해서.

어때? 한 시간에 겨우 240미터를 간다고 비웃을 수 없겠지? 다행이야. 무엇이 중요한지 알게 되어서.

친구란 무엇인가?
두 개의 몸에 깃든 하나의 영혼이다.

아리스토텔레스

성공을 위한 10단계

step 1

시도하기

step 2

다시 시도하기

step 3

한 번 더 시도하기

step 4

약간 다르게 시도하기

step 5

내일 또 시도하기

step 6

시도하고 도움을 구하기

step 7

시도하고 이미 이뤄낸 사람을 찾기

step 8

시도하고 뭐가 잘 안 되는지 찾아내기

step 9

시도하고 뭐가 잘 되는지 찾아내기

step 10

그냥 계속 시도하기

#05

너의 재능이 활짝 필 때까지

모든 것을 다 잘할 수는 없어. 이건 인정하는 게 좋아.

난 셀 수 없을 만큼 많은 재능을 가졌어. 절대 잘난 체 하지 않고 내가 할 수 있는 것만 열심히 하거든. 어쨌든, 아마존을 환히 밝히며 웃고 있는 나보다 더 사랑스러운 건 없다고 생각해.

그런데 내가 땅 위에서 서툰 건 사실이야. 땅을 딛고 선다는 게 정말 어색하고 버겁거든. 굼뜬 발걸음이 답답할 때도 있고, 더듬거리는 발걸음이 귀여워 보이기도 할 거야. 하지만 배고픈 재규어를 만나는 치명적인 결과로 이어질 수 있어.

그래서 숨겨진 재능을 활짝 해방시키는 거야.
살아남아야 하니까!

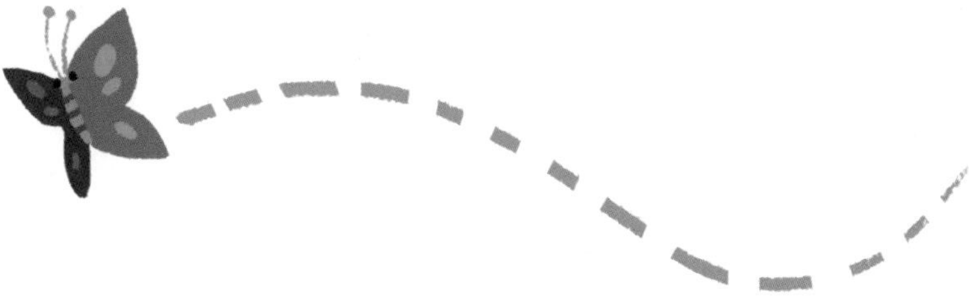

나는 땅에서보다 물에서 세 배는 더 빨리 움직일 수 있어. 자유형을 수영 선수처럼 폼 나게 보여주진 못하지만, 개구리헤엄으로 목표 지점까지 아주 빠르게 갈 수 있지. 물론 기대하는 것만큼 대단한 수영 솜씨와 멋진 재주를 보여주진 못해. 내가 싱크로나이즈드스위밍을 하는 건 아니잖아. 중요한 건, 물 위에 떠서 앞으로 나아가는 힘과 기술이 있다는 거야. 그리고 그건 무척 재미있다는 사실!

나에게는 비상사태에 대비할 수 있는 멋진 재능이 또 하나 있어. 심장박동을 늦추고, 물속에서 최대한 숨을 참으며 40분가량을 머물 수 있어. 삶과 죽음을 가르는 절대적인 순간, 독수리의 발톱을 피해야 할 때 쓰는 요긴한 재능이야. 평화롭게 목욕을 즐기고 싶을 때도 그렇고. 기다란 발톱만 있으면 나에게 무슨 일이 닥치든 승리할 거라고 생각하는데 절대 그게 아니야. 발톱은 싸움에 필요한 게 아니라 생활을 위한 기술에 사용하는 도구거든.

나는 뭐든 잘할 수 있는 일에만 집중하고 있어. 너도 잘 되지 않는 일에 매달리며 신세한탄하지 말고,

즐기며 할 수 있는 일에 힘을 쏟아봐.
네가 가장 빛날 수 있도록!

이론과 현실에는 엄청난 차이가 있어

딱딱한 내용의 두툼한 책을 읽었다고 자랑하려는 거야? 한 글자도 빠짐없이 모두 읽었다면 그 끈기는 인정해 줄게. 부탁하지만 잘 알지도 못하는 어설픈 이론으로 제발 피곤하게 하지 않았으면 좋겠어. 세상은 이론서에 쓰인 대로 돌아가지 않거든. 변수도 많고 예기치 않은 돌발 상황도 많잖아.

물론 책속의 지식이 각 분야의 전문가나 학자들이 한평생 연구한 결과물이라는 걸 잘 알아. 경제, 정치, 이성, 감정, 의지, 감각, 통계 등등. 아주 세분화해서 연구하고 분석하기 때문에 그 이론을 신봉하듯 믿고 따르는 건 당연해. 하지만 이론과 현실에는 엄청난 차이가 있다는 것도 명심하란 거야.

만약 가르칠 기회를 준다면 책 대신 세상사에 경험이 풍부한 노인을 네 앞에 데려다주겠어. 이론서보다는 노인의 이야기가 훨씬 삶에 도움을 줄 거야. 조리법이 완벽하게 설명된 책을 본다고 해서 엄마의 손맛을 살려낼 수 없는 것과 같은 이치지.

내 말을 이해한다면 두꺼운 책으로 공부하려 들지 말고, 그 책일랑 차라리 발밑에 두는 게 좋겠어. 어쩌면 나무에 올라갈 때 디딤돌로 쓰는 게 더 유용할 거 같다는 생각이 들거든. 직접 관찰하고 스스로 터득한 삶이 진리야.

유명한 학자의 이론보다 뛰어난 삶의 맛을
창출해낼 수 있는 거지. 야호!

모두에게 재능이 있다. 그게 무엇인지 발견할 때까지
얼마나 서성거릴지가 문제일 뿐이다.

조지 루카스

누군가는 본능적으로 자신이 뭘 잘하는지 알아. 또 누군가는 재능을 발견하는 데 시간이 많이 걸리기도 해. 그런데 남들과 비교할 필요는 없어. 너에게 필요한 만큼의 시간을 들이면 돼. 서두르지만 않는다면 차분하게 너를 발견할 수 있을 거야.

하루를 시작하기 전, 숨고르기

step 1

눈을 감고 호흡에 집중한다.

step 2

숨을 들이쉬면서, 지구로부터 공기를 끌어들인다고 상상한다. 양쪽 발을 통과해서 다리와 몸을 따라 마침내 머리 꼭대기까지.

step 3

숨을 내쉬면서, 머리 꼭대기를 통해 공기가 뿜어져 나가는 상상을 한다.

step 4

머릿속에서 박자를 세며 호흡을 천천히, 더 천천히 한다. 그리고 들숨과 날숨 모두 한 박자가 될 때까지 길게 늘인다.

step 5

각 들숨마다 지구로부터 에너지와 힘을 빨아들이고, 각 날숨마다 몸 안의 긴장감을 내뱉는다고 상상한다.

step 6

날마다 몇 분간 이를 반복해서 연습한다. 그러면 즉시 차분해지면서 하루를 열심히 살 수 있는 준비가 끝난다.

BE
MORE
SLOTH

더
적극적으로

좋아하는 일은 잘하게 되는 법이야. 타고난 댄서가 아니더라도 또는 내 그림이 걸작이 되지 못한다 하더라도 신경 쓸 필요는 없어. 정말 중요한 사실은 그 일을 할 때 즐겁다는 거야. 재미를 느낄 때 비로소 창의력이 발휘되거든. 더 긍정적인 삶을 살 수 있고 새로운 삶의 공간이 생기는 거지.

지금부터 좋아하는 일을 모두 적어봐. 그리고 그 중 한 가지는 최소한 매주 한 번씩 꼭 해보는 거야. 그것이 바로 에너지원이야. 좋아하는 일이 많다면, 그것들을 번갈아 가며 해보는 것도 좋아!

어때?
살아가면서 따분하고 지루할 틈이 없겠지?

나는 물속에 들어갈 때면 곧잘 명상에 잠기곤 해. 내가 있을 마땅한 자리와 살아가는 방식을 생각하는 거지. 부드러운 물은 온갖 잡념을 떨쳐버리고 생각을 잘 할 수 있도록 도와주거든.

너도 한번 해봐. 샤워기의 물줄기가 온몸에 흐르도록 내버려둬 보는 거야. 뿜어져 나오는 각각의 물줄기로 네게 들러붙은 스트레스와 나쁜 생각들을 씻어내는 거지. 시간이 얼마나 걸릴지는 신경 쓰지 마. 마음이 개운해질 때까지 그대로 있어 보는 거야. 새로운 힘이 솟아나는 느낌이 들 때까지.

자, 이제 비로소 숨은 재능을
세상에 보여줄 준비를 마친 거야.
너의 자리에서 너만의 방식으로!

가능한 일이 얼마나 많은데

할 수 없는 일에 집착하지 마. 그 대신 자연스럽게 다가오는 일들에 집중해봐. 그리고 하루를 마무리할 때 매일 일기를 써보는 거야. 아주 소소한 작은 일도 빠트리지 말고. 맛있고 영양가 많은 음식을 만든 일부터 삐걱거리는 선반을 고친 일까지 모두 기록하는 거지.

일주일이 정도 지나면 생각보다 많은 내용들로 빼곡할 거야. 그 글을 다시 읽어봐. 아마 자신의 실력과 재능이 어디에 숨어있는지 알게 될 거야. 써놓은 글 중에 빛나는 한 부분이 꼭 있을 테니까.

칭찬은 고스란히 받아들여

너의 빛이 퍼져 나가는 걸 가리지 마. 반짝거리게 두는 거야. 그리고 사람들이 해주는 칭찬을 즐겨봐. 재능은 누군가 알아보라고 있는 거잖아. 나를 인정하는 사람들의 사랑을 받아들이고 고마운 만큼 그들에게 달콤한 미소를 발사하면 되는 거야.

초조해하지 마. 대신 마음 깊숙이 가라앉아 있는 흡족했던 자신감을 불러내봐. 어린 시절의 기억일 수도 있고, 그보다 더 가까운 때일 수도 있어. 기억을 되살리며 그때 경험했던 모든 긍정적인 느낌들을 끌어올리는 거야. 그러면서 오른손의 엄지와 검지를 마주 대고 꾹 눌러봐. 자신감이 필요할 때마다 그렇게 누르며 스스로에게 주문을 거는 거야.

"나니까 할 수 있다!"

됐어. 이제 안 될 일도 잘 될 거야.

미소로 세상을 바꿔보자!
세상이 당신의 미소를 바꾸게 하지 말고.

살아가며 만나는 작은 일들에 진정한 기쁨이 있어.
흡족하게 누리는 건 네 몫이야.

다른 사람들을 배려해요

step 1

처지를 바꿔서 생각해본다.

step 2

뒷사람을 생각해서 문을 열어둔다.

step 3

그냥 이유 없이 누군가를 위해서 선물을 준다.

step 4

다른 사람의 말을 무시하거나 방해하지 않는다.

step 5

실수했을 땐 사과를 한다.

step 6

좀 참는다.

step 7

친절을 베풀고 보답을 바라지 않는다.

step 8

큰 맥락을 따져 본다.

step 9

작은 몸짓들로 친절을 표현한다.

step 10

누군가 슬퍼 보이면 기운을 북돋아준다.

step 11

항상 긍정적으로.

step 12

더 많이 웃으면서.

#06

웃으며
평화롭게 살기

나는 고요함 그 자체야. 나무의 굴곡진 부분을 두 팔로 감고 평온하게 잠들어 있는 내 모습을 찬찬히 들여다봐. 세상만사 근심 없이 완전히 평화로운 모습을 볼 수 있을 거야. 나는 동료들과 평화롭게 지내며 그 속에서 행복을 찾고 있어. 어딘가에 속해 있다는 느낌을 갖기 위해 주변을 소음으로 어지럽게 할 필요도 없어.

나는 나무꼭대기에서 바라보는 시각으로 삶의 기쁨을 느끼고 호흡하는 데 주저하지 않아. 어디서 핀둥핀둥 시간을 보내야 할지 같은 사소한 문제를 고민할 수 있는 여유를 좋아해. 내가 만들어가는 관계들은 사랑으로 가득하고 의미가 있어.

그런데 너는 물질적인 것들, 단도직입적으로 말해 소셜 미디어의 소용돌이 속에서 자신을 잃어가며 삶을 혼란스럽게 하는 경향이 있더구나.

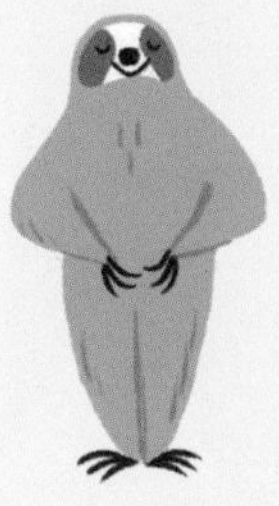

그렇게 본질을 벗어난 관심사들이
너에게 무슨 의미가 있지?

난 열대의 호수에서 다이빙을 하고 달콤한 숲의 열기를 들이마시는 게 너무 좋아. 나뭇잎으로 우거진 집은 누군가는 싫어할 수도 있을 만큼 자극적인 향으로 가득해. 하지만 그런 냄새쯤은 아무렇지도 않아. 내 몸의 25%는 근육으로 이루어졌어. 그래서일까? 열기에도 쉽게 달아오르지 않고 땀도 흘리지 않아. 그래서 포식자들이 가득한 정글에서 들키지 않게 몸을 숨길 수 있는 거야.

나는 자신을 돌보는 것이 가장 중요하다고 생각해. 사람들은 낮잠 자는 것을 나태한 게으름으로 여기지만, 그게 나에게는 꼭 필요한 일상이야.

자, 지금부터라도 헬스장 운동 대신 욕조에 몸을 푹 담그거나 온천 여행을 즐겨보는 건 어때?

사람들은 결과가 중요한 세상에 살고 있지만 이뤄가는 과정 또한 무척 중요하다는 걸 알았으면 해. 좀 더 여유 있게 접근해보란 뜻이야. 삶이 급하게 어떤 행동을 요구한다고 할지라도, 스스로 행복해질 수 있는 평화로운 순간들이 꼭 필요하거든.

자, 천천히 호흡부터 시작해. 그리고 몸과 영혼까지 찬찬히 들여다보는 거야. 그 침묵의 순간엔 그냥 가만히 있어.

고요함이 네게 깨달음을 줄 거야.

넌 사회적 동물이라는 포괄적인 묶음으로 스스로 독립되기를 거부하는 것 같구나. 그래서 다른 사람의 부탁도 거절 못 하고 양보를 미덕으로 여기지. 물론 자기희생을 감수하는 사람도 있어. 정의를 위한 선택이거나 대의를 위한 결정이기 때문에 우린 그걸 이해해. 그런데 일상생활에서 자기를 포기하는 경우도 있어. 그건 타인의 악평이나 비난을 두려워하기 때문이야.

너에겐 단호함이라는 멋진 스타일이 있어. 냉정해보이기도 하지만 너답게 사는 모습 같아 참으로 근사해. 남들의 시선이나 인정에 굴하지 않고 자신의 결정에 따르는 모습은 정말 멋있어. 남을 배려한답시고 자기 속마음을 숨긴 채 불만을 쌓는 것보다 시원스럽잖아.

상대방의 입장에서는 서운할 수 있겠지만 적극적으로 다른 대안을 생각해볼 기회가 될 거야. 어쩔 수 없는 일은 오래 고민하고 전전긍긍해도 쉽게 결정 나질 않아. 속만 타 들어갈 뿐이지. 그럴 땐 단호함이 꼭 필요해. 선택했다면 끝까지 밀고 나가는 거야.

굉장히 외로워 보이는구나. 네 눈은 이야기를 들어줄 누군가가 필요하다고 간절히 말하고 있어. 그런데 주위에 아무도 없는 것에 우울한 기분이 든 거야. 주위에 친구 많다는 소리를 듣고 살지만 막상 터놓고 속마음을 나눌 수 있는 사람이 없는 거지. 그래서 외로움은 더 깊어지고 혼자라는 생각에 슬픈 거야. 이럴 때 다른 데로 관심을 돌리면 좀 나아지겠지만 본질적인 고민이 사라지거나 덮어지진 않아. 때론 울컥하는 마음에 누구든 들이받고 싶고 불쑥불쑥 목울대도 꿀렁일 거야.

그런데 알고 보면 누구나 그래. 다들 아닌 척하고 살아가는 것뿐이지. 이제부터라도 그런 비슷한 증상을 앓고 있는 친구, 동료, 가족을 위해 네 귀를 열어봐. 그들이 마음 놓고 고민을 털어놓을 수 있는 자리를 마련해주는 거야. 넌 그냥 들어주기만 하면 돼. 위안은 그들 스스로 받게 되니까.

어느 순간 너의 외로움도 함께 걷힐 거야.

웃는 연습하기

잘 알다시피 나는 행복을 뿌려대는 행복전도사야. 긍정의 에너지는 마치 자석과 같아서 내가 뿌린 행복만큼 기쁨과 행운으로 다시 찾아오지.

너도 그럴 수 있어. 주변 사람들에게 행복의 리듬을 전해봐. 수수께끼처럼 소리 없이 기쁨과 만족이 네게 스며 들 거야.

평화는 미소로 시작합니다.

마더 테레사

기분 전환하기

step 1

방해받지 않을 조용한 장소를 찾는다. 편안히 바닥에 앉을 수 있는 자리가 있어야 한다.

step 2

버너를 준비해서 제라늄 오일을 태운다. 아니면 뜨거운 물에 오일을 몇 방울 떨어뜨려 부드러운 아로마를 흡입한다. 제라늄은 감정의 균형을 잡아주고 행복감을 주는 향으로 알려져 있다.

step 3

두 손을 양옆으로 내린다. 깊게 호흡을 하면서 손바닥으로 양쪽 바닥을 닻처럼 짚어 몸을 안정감 있게 지지한다.

step 4

날숨을 뱉으면서 미소와 함께 눈으로 따뜻함을 발산한다고 상상한다. 주변의 공간을 따뜻함으로 채운다. 그리고 사랑하는 존재를 떠올린다. 그러면 감정의 흐름과 강도를 높일 수 있다.

step 5

매 호흡마다 더 크고 밝게 미소를 지어본다.

step 6

앉아있는 공간이 분홍색의 점액질에 잠긴다고 그려본다. 그것들로 방안을 채운 뒤 밖으로 흘러넘치는 모습을 상상한다.

step 7

상상을 계속한다. 분홍색의 액체가 벽을 타고 넘어 밖으로 퍼져 나간다. 마침내 거리가 잠기고 세상의 모든 사람이 끈적끈적한 행복의 도가니에 빠지는 모습을 지켜본다.

BE MORE SLOTH

더 잔잔하게

오늘은 주변의 잡동사니를 치워버리고 삶을 정돈해 보는 거야. 먼저 가까이 있는 물건들부터 하나씩 점검하며 자신에게 꼭 필요한 건지 물어보자. 사용하지 않거나 고장이 나서 제 기능을 할 수 없는 것들은 과감하게 버리는 거야.

이렇게 공간을 만들면 스트레스도 줄어들고 호흡도 훨씬 편해질 거야. 그리고 감정적 긴장감이 줄어들어 훨씬 명확하게 생각할 수 있어.

이제 다른 쪽의 잡동사니도 하나씩 해결해보자. 직장, 인간관계, 건강 등 기쁨을 주는 모든 것들을 다시 한 번 잘 생각해보는 거야. 너를 힘들게 하는 것들도 마찬가지야.

이것들이 명확해지면 무엇을 피해야 하고,
어디서 평화를 얻을 수 있는지 알 수 있거든.

근엄하다는 말을 듣고 싶어? 아니면 무슨 불만 있냐는 말을 듣고 싶어?

그게 아니라면 그처럼 무표정한 얼굴을 하지 마. 언제나 환한 미소 띤 표정을 짓는 거야. 억지 미소를 지어도 괜찮아. 그러면 잠재의식은 뭔가 웃을 일이 있다고 받아들일 거야. 더 좋은 점은 웃음은 전염된다는 거야. 일단 시작하면 멈출 수가 없어. 미소를 받은 사람은 물론이고, 그걸 쳐다보는 주변 사람들까지 즐거운 미소를 띠게 되는 거야. 너로부터 시작된 웃음이 영향력을 발휘하는 거지.

웃음에 더 탄력을 받고 싶다면 인터넷에서 내 사진을 찾아봐. 검색창에 “나무늘보!”라고 검색하는 거야. 아마 2분도 채 걸리지 않을 거야. 사진을 찾았다면 그중 마음에 드는 한 컷을 골라 출력한 뒤, 잘 보이는 곳에 그 사진을 붙여두는 거야. 그럼 그 사진을 바라볼 때마다 입이 귀에 걸릴 정도로 커다란 웃음이 나올 거야.

난 항상 널 위해 웃어주고 있으니까!

사람들은 존재하는 것들을 보며 "왜지?"라고 말한다.
나는 존재한 적이 없는 것들을 꿈꾸며 "왜 안 돼?"라고 말한다.

조지 버나드 쇼

졸린 거야? 조는 데 죄책감을 가질 필요는 없어. 휴식이 필요하다고 몸이 말해주는 거야. 모든 행동에는 항상 반작용이 뒤따르지. 어떤 움직임이나 육체적 기능에는 에너지가 필요하거든. 에너지가 고갈되면 몸은 뜻대로 움직여주질 않아. 움직이기도 싫고, 음식도 소화되지 않고, 살아가는 리듬이 비틀거리기 시작하는 거야.

따라서 일상적인 일들을 위해서라도 에너지가 필요해. 에너지를 보충하지 않은 채 그대로 생활한다면 언젠가 건강이 흔들릴 거야. 그러므로 스스로에게 시간을 줘야 해. 휴식을 즐길 시간. 그 시간은 일하는 시간만큼 아주 중요해. 쉬는 건 특별한 일이 아니고 시간을 낭비하는 것도 아니야.

휴식도 너의 일상의
중요한 일과에 꼭 포함시켜.
그만큼 가치 있는 일이니까.

내가 나무꼭대기 궁전에서 전망을 즐기듯이, 너도 주변의 모든 것에 감사하고 행복할 시간을 가져봐. 오지 않은 내일의 걱정일랑 잊어버리고 지금 이 순간에 충실하자는 거야. 때때로 멈춰 서서 주변을 돌아보며 듣고, 냄새를 맡고, 맛을 즐기는 것들에 집중해보는 거야. 그리고 바쁘게 돌아가는 시간 속에서 자신에게 물어봐.

"내가 지금 뭘 느끼고 있지?"

상황을 억지로 바꾸려 들지 말고 있는 그대로를 받아들여. 삶을 관조하는 법을 배워봐. 처음에는 그것이 어색하고 불편할 거야. 하지만 연습하면 스트레스를 효과적으로 해소할 수 있어. 상황에서 벗어나 객관적인 시각을 유지할 수 있기 때문이야. 언제나 쫓기며 살아갈 순 없잖아.

자연은 서두르지 않으면서도
모든 것을 이뤄낸다.

노자

누구나 잘 알고 있는 것처럼 나는 부둥켜안는 걸 좋아해. 껴안기는 부둥켜안기의 축소판이야. 누군가에게 안기거나 누군가를 안으면 무척 따뜻하지. 에너지를 나누고 마음까지 치료해주는 효과를 내거든. 사랑한다면 적어도 하루에 한 번쯤은 안아주면 좋아. 이런 건 절대로 절제할 필요가 없어. 상대방과 껴안기로 만나면 서로의 영혼에 좋은 영향을 준다고 해. 옥시토신이 분비되어 사랑이 깊어지고 서로 위하게 만들기 때문이야.

넌 총명하니까 금방 눈치 챌 거야.

먼저 안는다고 절대 손해 보는 게 아니야.
부둥켜안으면 상대방도
안아주지 않을 수 없거든!

자기만의 개성 찾기

step 1

무리하지 않고 좀 쉬면서 다른 걸 한다.

step 2

편한 일을 하며 쉬고, 재미난 일을 한다.

step 3

의무적으로 만들어야 하는 것이 아니라 원하는 걸 만든다.

step 4

밖으로 나가 신선한 공기를 마시며 산책을 한다.

step 5

심장이 벌렁벌렁 뛸 정도로 운동을 한다.

step 6

다른 사람의 창조적인 작품을 감상한다.

step 7

충분히 잠을 잤는지 돌이켜본다.

step 8

지금까지 해보지 않았던 다른 방법으로 시도해본다.

step 9

시간을 정해놓고 도전해본다.

step 10

완벽할 수 없다고 인정하고, 창의적으로 계속해본다.

#07

네 안의 너를
놓아줘

나는 매우 느려. 마치 숟가락에서 흘러내리는 꿀처럼 아주 천천히 나무 사이를 움직이지. 그래서 조용하냐고? 꼭 그렇진 않아!

나는 내 목소리를 어떻게 사용해야 하는지 잘 알아. 각각의 상황에 따라 서로 다른 시끄러운 소리를 내야 하거든. 유순하고 고결하게만 보이는 내가 야단법석 떤다는 모습을 상상하기 힘들지?

이제부터 내 옆으로 다가와 봐. 마치 표독스런 독사가 뿜어내는 것 같은 '쉿쉿!' 거리는 소리를 들을 수 있어. 처음엔 풍선에서 부드럽게 바람이 빠지듯이 작은 소리로 시작하지만, 귀찮은 정도에 따라 그 소리는 점점 커져. 신중한 나는 곤란한 상황에 부딪치면 낮은 울음소리를 내기도 하지. 그러면 다른 동료들은 이 저주파를 탐지해 어떤 상황인지 아는 거야.

끽끽거리는 비명, 꿀꿀거리는 푸념도 모두 다 내 레퍼토리에 들어 있어. 아기 나무늘보들도 시시때때로 끽끽거려. 이 개구쟁이들은 길을 잃으면 조그맣게 울음소리를 내는데, 그럴 때면 어김없이 어미가 거북이같이 움직이며 구조에 나서지.

나무늘보 암컷에 관한 이야기를 해줄게. 수줍은 눈길로 애매하게 유혹하는 건 그들의 스타일이 아니야. 그들은 자신 있고 당당하게 냅다 소리를 질러 수컷을 자극하지. 주변에 사랑할 준비가 되어 있는 수컷들에게 경보를 울리는 거야. 그 시끄러운 비명의 효과는 대단해서, 암컷의 구애를 원하는 수컷들은 첫 번째 데이트의 영광을 얻기 위해 서로 격렬한 몸싸움까지 해. 이런 무작정 접근법이 사람들의 눈엔 로맨틱하지 않겠지만, 솔직함을 매력으로 봐주었으면 좋겠어. 자신이 누구인지, 어떤 존재에 대해 행복을 느끼는지가 핵심이잖아. 명확하게 자기를 표현하는 그런 능력이 바로 당당한 자신감이야.

이제부터라도 자신을 자꾸 감추려 들지 말고, 믿음을 가지고 과감하게 세상에 덤벼봐. 내가 누구인지, 무엇을 원하는지 떳떳하게 말하는 거야. 그래야 상대방이 더 잘 알아볼 수 있잖아.

네 안의 너를 가두지 말고 마음속의 진실을 말해.
그리고 세상이 우아한 너의 발걸음에
순응하는 모습을 바라보는 거야.

어때?
가슴 벅차지?
그러니까 당당해하는 거야!

간단한 스트레칭을 하고 열심히 나를 따라 해봐. 너를 가장 잘 표현하고, 너만의 섹시한 매력을 되찾을 수 있도록 해줄게.

가능하다면 날마다 연습해봐. 얼마 지나지 않아 자신감이 솟구치고 설득력이 커질 거야. 그리고 의지대로 마음을 표현할 수 있게 될 거야. 주저하지 말고 한 번 믿어봐. 너를!

기를 살리는 호흡

step 1

방해받지 않는 조용한 장소를 찾는다. 그래야 당황스러운 순간을 만나지 않고 연습할 수 있다.

step 2

어깨 넓이만큼 다리를 벌리고 선다. 어깨에 힘을 빼고.

step 3

눈을 감고 호흡에 집중한다. 들숨과 날숨에서 무슨 소리가 나는지, 가슴은 어떻게 들썩이는지를 잘 살펴본다. 리듬에 주의를 쏟아 호흡을 느리게 해본다.

step 4

허리에서부터 몸을 점차 앞으로 굽혀 무릎을 본다. 팔에 힘을 빼고 편하게 늘어뜨려 깊숙이 호흡을 계속한다.

step 5

숲속 나무에 거꾸로 매달려 있다고 상상한다. 기분이 어때? 다리 뒷부분과 척추가 편하게 늘어지는 게 느껴지니? 그렇다면 세심하게 각각의 근육과 그 느낌에 주의를 기울인다. 그리고 꾸준하게 계속 호흡을 한다.

step 6

종아리를 붙잡고, 가능하면 머리를 무릎 사이로 깊숙이 집어넣어 부드럽게 스트레칭을 한다.

step 7

서서히 원래 자세가 될 때까지 몸을 쭉 편다.

step 8

깊숙이 숨을 들이마시고 마음속에 떠오르는 첫 번째 단어를 소리친다. 무슨 말인지, 얼마나 바보스럽게 들리는지는 상관하지 않는다. 핵심은 뭔가 느끼는 걸 표현하는 것이다. 지금 바로 이 순간 당장! 에너지를 쏟아 붓는다. 원하는 만큼 자주, 그리고 큰 소리로 외친다. 네 맘대로!

거짓말이나 변명은 명예를 실추시킨다

세상에서 가장 비겁하고 어리석은 건 거짓말하는 사람이야. 거짓말로 자기 목적을 이룰 수 있다고 믿는 거지. 눈앞에서는 당장 그럴 수 있어. 하지만 얼마 지나지 않아 거짓말은 들통 나게 마련이야. 혹시라도 들키지 않았다고 쾌재를 부를 수 있겠지만, 그 거짓말은 언제나 머릿속에 남아 스스로를 괴롭힐 거야.

그뿐만이 아니야. 거짓말은 또 다른 거짓을 불러오지. 거짓말로는 진실을 덮을 수 없거든. 그래서 그걸 덮기 위해 점점 더 능숙하게 거짓말을 해야 할 거야. 점점 크게 점점 더 넓게. 그러다 보면 결국엔 신뢰할 수 없는 사람으로 전락하게 되겠지.

변명은 괜찮다고? 천만에. 자기 잘못을 정당화하기 위한 변명은 자신을 창피하게 만들 뿐이야. 자기변호는 한 마디로 어불성설이야. 누가 고개를 끄덕이며 네 편을 들어주겠니. 차가 막혀서 지각할 수밖에 없었다는 말을 어떻게 생각해야 해? 그건 좀 더 서두르지 않아서 생긴 문제야. 아파서 업무 수행을 못 했다고? 그건 평소에 제대로 몸 관리를 하지 않은 탓이야. 어때? 이런 반박이 돌아오지 않겠어? 앞에서 위로를 건네는 친구의 속마음을 누가 알겠어. 변명으로 일관하는 사람의 편에 설 사람은 이 세상 어디에도 없어. 내가 장담해.

알겠지만 자기 잘못은 없어지지 않아. 차라리 깔끔하게 인정하는 게 좋아. 그리고 용서를 구하는 거야. 거짓말이나 변명으로 명예를 실추시키느니 차라리 떳떳하게 행동하고 정정당당하게 사는 게 마음이 편해.

BE MORE SLOTH

자신에게 더 집중해

터키석을 본 적 있어? 터키석의 무늬는 참으로 오묘해. 그리고 터키석의 청록색은 에너지의 흐름을 키워준다고 해. 특히 목 주변에서 그렇대. 그래서 터키석 스카프를 두르거나 목걸이를 걸면 자기 마음을 표현할 수 있는 자신감이 생겨난다는 거야.

목울대 위에서 빛나는 터키석을 떠올려봐. 따뜻한 빛의 에너지가 피부 밑으로 스며들고 목 주위 근육의 긴장이 풀릴 거야. 숨을 내쉴 때면, 마음을 표현하는 데 주저하게 만드는 모든 걱정과 두려움이 사라질 거야. 이 호흡법을 몇 분간 반복하고 나서 최대한 큰 목소리로 말하는 거야.

"나는 나다. 내 목소리를 들어라!"

정기적으로 모여서 이야기를 나누는 게 핵심이야. 개인적인 이야기도 좋고, 들었거나, 읽었거나, 만들어낸 이야기도 좋아. 매번 모임마다 상상력을 발휘해서 주제를 정해봐. 예를 들어 '옛날이야기'나 '웃기는 이야기' 같은 것도 괜찮아.

만남이 거듭될수록 창의력이 솟구치는 걸 느낄 거야. 새로운 아이디어, 생각, 기획들로 머리가 부글부글 끓어오를 거야. 기대해봐.

기쁨을 나눌 수도 있고, 어려운 과제나 경험을 나눌 수도 있어. 아니면 어떤 상황에서 어떤 기분이 들었는지 이야기하는 것도 좋아. 특정 기억을 나누거나 털어버리고 싶을 수도 있어. 내가 자신을 소통의 장으로 이끌고 마음을 열면 상대방도 진솔하게 다가와 대화하고 싶어 할 거야. 함께하는 우정은 더욱 강해지거든. 믿어봐.

자, 상상해봐. 너는 빛나는 스타야. 모두가 네 노래를 듣고 싶어 해. 쏟아지는 조명 아래에서 빠른 박자의 경쾌한 노래를 부르는 거야. 수많은 관중 앞에서 열광하는 시선을 느끼며, 큰 소리로 노래 부르는 거지. 흥겨운 박자에 몸을 맡길수록 더 많은 갈채를 받겠지? 이 기분과 감동을 잊지 마.

자신을 표현하기가 두렵거나 불안할 때, 무대 중앙에 서 있는 네 모습과 그 안에 흐르던 박자를 떠올리는 거야. 그리고 목청껏 노래 불러. 네 안에서 잠자고 있는 자신감을 깨우는 거지.

알지? 그 자신감이 얼마나 굼뜬 놈인지. 그러니까 노래는 우렁차게 불러야 해.

어떤 일로 누군가에게 화가 났을 때, 그 사실을 알리는 게 쉽지 않아. 이미 지나간 일이기도 하고 상처 주기 싫은 마음일 수도 있어. 그래서 혼자 끙끙 끌어안고 있다가 곪아터져 버리기도 해. 주저하다가 자신에게 더 큰 상처와 아픔을 주는 거야. 그러니까 참지 말고 말해!

지금 어떤 기분인지 상대방에게 편지를 쓰는 것도 좋아. 마음속의 감정을 솔직하게 그대로 담아내는 거야. 전해주는 게 어렵다면 다 쓰고 나서 주저 없이 촛불로 태워 버려. 그렇게 속이야기를 밖으로 내보내는 거지. 넌 생각이 깊은 사람이라 불낼 일은 없을 테니까.

속도를 늦추면 뭐가 제일 중요한지 보이거든.

네 안의 열정을 들여다보면 다 보여

step 1

삶의 각 순간에 주의를 기울여보기_삶 속에 일어나는 일에 신경을 쓰기 시작한다. 지금 어디에 있는지를 확실히 인식하고 집중해서 참여한다.

step 2

감정이 어떤 상태인지 주의를 기울이기_진정으로 사랑하는 것은 무엇인지, 어디에 열정을 느끼는지를 알 수 있다.

step 3

자신에게 솔직하기_남들이 무슨 생각을 하는지 집중하는 것을 그만한다. 자기가 우선이고 하고 싶은 것, 좋아하는 것을 먼저 양보하지 않는다. 착한 사람 노릇은 이제 그만한다.

step 4

재능과 성취를 자랑하기_자신에게 시간을 투자한다. 무엇을 사랑하는지 알아내기 위해, 마음속에서 진정으로 하고 싶은 게 무엇인지 귀 기울인다. 분명히 들릴 것이므로 작은 소리라고 외면하지 않는다.

step 5

모든 걸 적어놓고 곰곰이 생각하기_좋았던 경험과 잊고 싶지 않은 인생 교훈을 노트에 적는다. 생각의 흐름과 행동들을 적어서 삶의 가장 중요한 순간을 기억하는 것이다. 그러면 자신이 얼마나 소중한 사람인지 알게 된다.

나무늘보의 노래

나는 나무늘보
한 마리의
나무늘보
나
는
나무늘보

나는
좋아해
나무에서 나무로
들어가…고…나오…고
천천히
숨을 쉴 때마다
다른 운율로도
삶은 살아지고

쌩! 순식간에 지나지만
나는 아직도 매달려 있어
아무도
서두르지 않아.
바로 내 자리야.

내가 할 수 있는 일
내가 잘할 수 있는 일
내 자리를 찾았어
이게 바로 나
단순한 나무늘보
내가 되고 싶은…

epilogue

나무늘보가 가르쳐준 인생교훈

새로운 사랑을 만났다. 두근거리는 설렘이 따라왔다. 사랑의 상대는 바로 '나'다. 이제껏 너는 그것밖에 안 되는 사람이냐고, 잘하는 게 뭐냐고, 남들이 하는 만큼은 해야 할 것 아니냐고 채근하고 괴롭혔다. 그뿐만이 아니다. 늦잠이라도 잔 날이면 "이 게으름뱅이!", 다른 사람들보다 못 하면 "이 바보 멍청이!"라고 하면서 스스로 구박하고 무시했다. 어디 그뿐인가. 작은 성과에 만족하지 못하고 닦달하며 잠시도 편하게 내버려두지 않았다. 한 번도 쓰다듬어주지 못했고, 열심히 살아주는 것에 고마움도 표현하지 않았다. 그저 "달려!", "더 빨리!"라고 하며 채찍만 들이댔을 뿐이다. 그런데 나무늘보를 통해 무엇보다 소중한 것이 '나'라는 것을 알게 되었고, '나'를 사랑하게 된 것이다.

답답하리만치 느리고 욕심도 없는 이 친구를 처음 보았을 때 "흥!"이라고 콧방귀를 뀌며 나의 우월함을 먼저 떠올렸다. 한눈에 봐도 나무늘보보다는 사람인 내가 빠르고 할 줄 아는 것도 많고 지혜롭다고 느꼈으니까. 그래서 다른 동물도 아니고 나무늘보가 들려주는 말에 귀를 기울일 이유를 찾을 수도 없었다. 다만, 어느 애니메이션에서 보여준 웃음의 이미지가 떠올라 피식 웃었을 뿐이다.

나무늘보는 이런 선입견과 고정관념을 가진 나를 보기 좋게 한방 먹였다. 자신을 사랑하지도 않으면서, 진정 가치 있는 게 무엇인지도 모르면서 그저 '잘 살기' 위해 달리는 나의 무지스러움을 깨닫게 한 것이다.

도전적이고 도발적이지는 않지만, 느긋하게 삶을 향유하는 나무늘보는 넘치는 지혜를 가지고 있었다. 자기의 재능을 사랑하고 발휘하며 자신의 가치를 높이는 생활을 이끌어갈 뿐 아니라, 자기를 안아주며 위로하고 다독여주는 높은 자존감도 가지고 있었다. 높은 곳에서 세상을 보며 삶의 기쁨을 찾고, 자기 털 속에 있는 작은 생물들에게 관대한 사랑을 실천하는 나무늘보는 눈앞의 것만 쫓는 나를 부끄럽게 했다.

경쟁에 지쳐 버틸 힘이 소멸되어 가고 있는 이 시점에, 사람들 사이의 관계에 대해 자신감을 잃어가고 있는 시기에, 아무것도 아닌 '나'에 대한 고민이 깊어가는 오늘, 나무늘보를 만난 것은 행운이다. 그가 내게 보여주는 흐뭇한 미소와 천천히 해도 괜찮다는 위로에 새로운 힘과 용기가 난다. 당신 또한 그러하리라 믿는다. 이 나무늘보를 만나면 누구라도 그럴 것이다.

휴식이 끝난 후 자신도 모르게 일이
잘 진행되는 경우가 있다.
수많은 문제점이 해결되고
사고는 풍부해지며 화술은 세련된다.
잠시 휴식을 취한 뒤에는 마치 밭을 갈지 않고
뿌린 씨앗이 성장하여 힘 안들이고 곡식을 수확하는 것처럼
일이 쉽게 진척되는 경우가 많다.

힐티

힘들고 어려운 일을 할 때는
일하는 만큼의 휴식도 필요하다.

세르반테스

한가로운 시간은 무엇과도 바꿀 수 없는 재산이다.

소크라테스